Christian Jacq
Folge deinem Herzen,
solange du lebst

Mit Illustrationen von
Dorothea Göbel

Christian Jacq

Folge deinem Herzen, solange du lebst

Weisheiten der alten
Ägypter

Deutsch von
Ingrid Altrichter

Wunderlich

Die Originalausgabe erschien
1998 unter dem Titel
«La sagesse vivante de l'Égypte ancienne»
bei Éditions Robert Laffont, Paris

Redaktion Heiner Höfener
Umschlaggestaltung Susanne Müller
Illustration Dorothea Göbel
Layout Joachim Düster

Für Françoise,
zur Erinnerung an lichtvolle Stunden
im Lande der Weisen

Einführung
Auf den Spuren der Weisen

Das Ägypten zur Zeit der Pharaonen war das Land der Weisen. Mehr als drei Jahrtausende lang suchten sie ihre geistige Erfüllung vornehmlich darin, die von einer Göttin, der Maat, verkörperte Weisheit in die Praxis umzusetzen.

Maat schließt alles Redliche, Rechtschaffene, Richtige und Gerade ein, Wahrheit und Gerechtigkeit, die ewige Ordnung des Weltalls, Vernunft und Gemeinsinn. Sie steht in krassem Gegensatz zu *isefet*, dem Chaos, der Unordnung, der Nachlässigkeit, dem Übel in jedweder Gestalt.

Die Weisen Ägyptens verfaßten «Lehren für das Leben», damit sich der Geist öffne und das Herz weite, um die Maat in sich aufzunehmen, die durch die Steuerfeder des Vogels symbolisiert wird, mit der er seinen Flug zu lenken vermag. Maat ist der Sockel, auf dem die rituell zum Leben erweckten Statuen ruhen, Maat ist das Ruder, mit dessen Hilfe der Gerechte den Fluß des Lebens glücklich überqueren kann, um am Gestade der Ewigkeit zu landen.

Das Wort *sebayt*, die «Lehre», wird aus dem Stamm *seba* gebildet, der darüber hinaus noch «die Tür» und «der Stern» bedeutet. So sind denn diese Schriften auch Türen zu den Grundlagen der Weisheit sowie Sterne, die uns auf unserem Lebensweg leiten sollen.

Es kommt darauf an, die Unwissenheit zu besiegen. Niemand wird als Weiser geboren, und es bedarf ernsthafter Anstrengungen, bis jemand die

Fähigkeiten entwickelt, «Maat zu sprechen und zu tun», ohne in die tödlichen Fallen der Eitelkeit und der Begierde zu geraten. Tag für Tag müssen die Ohren, «die Lebendigen», den Worten des Weisen lauschen; dabei führt richtiges Zuhören zu Rechtschaffenheit, denn diesem Zuhören entspringt die rechte, die der Maat gemäße Tat. Eine für andere nützliche und edle Tat ohne Selbstsucht, vorausgesetzt, daß die goldene Regel eingehalten wird: Handeln für den, der handelt.

Der ägyptische Weise tritt als derjenige in Erscheinung, «der die Wirklichkeit, die Mythen und die Rituale kennt», ein Mann mit wachem Herzen, mit einer Sprache, die keine Widerrede duldet, ein überzeugender Redner, der die Götter zufriedenstellt, denn seine ganze Existenz beruht auf Wissen und nicht nur auf Glauben. Als Freund der Ruhe und Stille meidet er Hitzköpfe, Schwätzer und Neider. Das Rechte tun, in allem das Vortreffliche suchen, sich nie seiner Verantwortung entziehen und denjenigen ehren, der größer ist als er selbst, das gehört zu den täglichen Pflichten des Weisen.

Weil die ägyptische Kultur solche Männer hervorzubringen wußte, konnte sie über die Zeit, über Invasionen und Zerstörungswahn siegen. Trotz der Schläge, die ihr versetzt wurden, strahlt diese Weisheit weiterhin aus und rührt uns noch heute an. Vermutlich liegt darin das wahre Geheimnis der alten Ägypter.

Was wissen wir über die Weisen, die Verfasser dieser «Lehren»? Zu ihnen zählten Pharaonen wie Amenemhet I., der sein geistiges Vermächtnis – Erfahrungen und Ratschläge zur Kunst weisen Regierens – für seinen Nachfolger Sesostris I. aufzeichnete. Vor ihm hatte schon ein anderer König Gleiches für den späteren Pharao Merikare getan. Wahrscheinlich schrieben viele Herrscher derlei Texte nieder, doch ihre Werke gingen verloren. Manche schlummern vielleicht noch im Sand.

Djedefhor, ein Sohn des Pharao Cheops, des berühmten Erbauers der großen Pyramide von Gizeh, hat uns eine «Lehre» hinterlassen, die ihm den Ruf einbrachte, weise zu sein, was für einen Berater des Monarchen eine unerläßliche Voraussetzung war. Auch Wesire, vom Pharao damit betraut, auf Erden die Maat walten zu lassen und sie in den Mittelpunkt der gesellschaftlichen Beziehungen zu stellen, verfaßten «Lehren», zum Beispiel Ptahhotep, dessen Worte wie durch ein Wunder vollständig auf einem einzigen Papyrus erhalten sind. Erst in dem traditionell den Weisen zugeschriebenen Alter von einhundertzehn Jahren hielt es dieser Wesir der 6. Dynastie für angebracht, seine Erfahrungen aufzuzeichnen und an künftige Generationen weiterzugeben. Und an Kagemni, einen Wesir zu Zeiten der Pharaonen Huni und Snofru, des Begründers der 4. Dynastie, war die erste bekannte «Lehre» gerichtet, von der nur ein Fragment der Zerstörung entgangen ist. Vermutlich schrieb auch Imhotep, der geniale Baumeister der Stufenpyramide von Sakkara, Gebote nieder, die es noch ebenso zu entdecken gilt wie seine Grabstätte.

Andere Weise, wie etwa Ipuwer, waren Propheten. Sie sagten Katastrophen voraus, die eintreten würden, falls man die Gesetze der Maat mißachtete. Im Chaos und im Unglück gab es nur eine Möglichkeit, zur Harmonie zurückzukehren: nach Weisheit streben und sie anwenden.

Während des Neuen Reiches, der Glanzzeit von Karnak, in der die Gräber im Tal der Könige angelegt wurden, ragten besonders zwei Weise heraus: Ani, ein Beamter mittleren Ranges, der für seinen geistigen Sohn eine «Lehre» verfaßte, und Amenemope, ein Schreiber des Gottes Thot und damit betraut, über den Kataster sowie über die Maße und Gewichte zu wachen. Beider Werke erfuhren ähnlich große Verbreitung wie die Lehre des Ptahhotep, und einige Sätze der alttestamentlichen «Sprüche Salomos» sind von Amenemope inspiriert.

Es sind nur wenige Anekdoten aus dem Leben der Weisen überliefert, und so müssen wir bis zum letzten Aufflackern der ägyptischen Kultur und bis zur «Lehre des Anch-Scheschonk» warten, um zu erfahren, daß dieser sein Werk im Gefängnis schrieb. Ihm war eine Verschwörung gegen den König zu Ohren gekommen, er hatte ihn aber davon nicht in Kenntnis gesetzt, weil sein bester Freund in die Sache verwickelt war. Allerdings gibt es keinerlei Gewähr, daß es sich dabei nicht um eine erbauliche Legende handelt: Selbst wenn er sich in Haft befindet, darf der Weise nur darauf sinnen, sein Wissen weiterzugeben.

In dieser Auslese haben wir uns nicht allein mit den «Lehren für das Leben» begnügt, denn die *Pyramidentexte*, die *Sarkophagtexte*, das *Buch vom Herausgehen am Tage*, die in Tempelwände und Stelen gemeißelten Inschriften oder Berichte wie die *Klagen des redekundigen Oasenmannes* und noch andere bieten  uns überaus reichhaltige Lebensregeln. Aus diesem riesigen Schatz haben wir eine Auswahl getroffen und dabei jenen Anweisungen den Vorzug gegeben, für die Übersetzungen mit hohem Zuverlässigkeitsgrad vorliegen. Man muß bedenken, daß diese Texte oft sehr schwierig zu verstehen sind und viele Passagen uns noch immer

vor ungelöste Probleme stellen. Der Wissensdrang darf
sich jedoch nicht nur auf das Ausgraben von Bauwerken
beschränken, und den Forschern, die sich auf die Suche
nach den vielfältigen Formen ägyptischer Literatur be-
geben, winken schöne Entdeckungen.

Das vorliegende Buch stellt einen Wegweiser durch
die Gefilde ägyptischen Denkens dar und beweist, falls
dies noch nötig sein sollte, daß die hehre Stimme der
Weisen des alten Ägypten nicht verstummt
ist. Mit überraschender Kraft spricht sie
noch immer zu uns und geht auf zahlreiche
grundsätzliche Probleme ein. Stehen wir
nicht unmittelbar vor der Frage: Was gibt es
Dringenderes und Wichtigeres, als nach
Weisheit zu streben?

I
Die Macht des Wortes
der Weisen

Jene Schreiber, voller Weisheit
seit der Zeit, die nach den Göttern kam,
deren Voraussagen sich erfüllten,
ihre Namen bleiben bis in Ewigkeit …
Sie erstrebten nicht, als Erben zu hinterlassen
leibliche Kinder, die ihren Namen erhalten:
Zu Erben erkoren sie sich die Bücher und Lehren,
die sie verfaßten.
Bücher machten sie zu ihren Priestern,
die Schreiberpalette zu ihrem geliebten Sohn.
Ihre Lehren sind ihre Pyramiden,
das Schreibrohr war ihr Kind,
die Tafel ihre Gemahlin …
Was die Weisen Künftiges kündeten,
was aus ihrem Munde drang, wurde wahr
und ist als Spruch zu finden,
aufgezeichnet in ihren Schriften …
Sind sie selbst auch entschwunden,
ihr Zauber erreicht noch alle, die ihre Werke lesen.

Papyrus Chester Beatty

Dies ist der Anfang der Lehre für das Leben,
der Anleitungen zum Wohlergehen,
aller Regeln für den Umgang mit Alten,
für das Benehmen gegenüber Würdenträgern,
um dem zu entgegnen, der spricht,
um dem zu antworten, der eine Botschaft sendet,
um den, der zuhört, auf den Pfaden des Lebens zu leiten
und ihn glücklich zu machen auf Erden,

auf daß sein Herz in seinen Schrein eintrete,
denn er umschifft das Übel.

Amenemope

Siehe, ich gebe dir diese vortrefflichen Ratschläge.
Prüfe sie in deinem Herzen.
Handle nach ihnen,
dann wird es dir wohl ergehen,
und alles Übel bleibt dir fern.

Ani

Lies sorgsam diese Schriften:
Sie belehren und sie erziehen.
Sie machen den Unwissenden weise.
Liest man sie einem Törichten vor,
wird er durch sie geläutert.
Sei erfüllt von diesen Schriften,
und bewahre sie in deinem Herzen.

Amenemope

2
Der Weg zur
Rechtschaffenheit

Leben im Sinne der Maat

Die Rechtschaffenheit tritt im Herzen des göttlichen
Lichts zutage.

Tempel in Hibis in der Oase Charga

Gott fällt das Urteil.

Ani

Die Wahrheit ist ein großes Geschenk Gottes.
Er gibt sie, wem er will.
Die Kraft dessen, der ihm gleicht,
bewahrt den Unglücklichen vor dem, der ihn verfolgt.

Amenemope

Übe Gerechtigkeit für den Herrn des Rechts,
dessen Gerechtigkeit das Recht ist.

Der redekundige Oasenmann

Ihr alle, die ihr eintretet in den Tempel des Ptah
und aus ihm herauskommt ...
Ihr werdet das Leben lieben,
ihr werdet den Tod vergessen.
Ich habe die Maat an ihren Platz gesetzt,
denn ich wußte, dies war der Wille Gottes.

Statue des Tja-ba-neb-dedenimu

Möge ich die Wahrheit schauen
im Angesicht des Allherrn.
Möge ich Rechtschaffenheit darbringen
dem Herrn der Welt.
Dann lebe ich an der Seite des Herrn des Lebens
und werde handeln nach dem, was seine Regeln gebieten.

Sarkophagtext, Spruch 534

Führe die Maat aus für den Herrn des Palastes,
denn Pharao liebt die Rechtschaffenheit.
Sprich zu Pharao gemäß dem Wesen der Maat,
denn der König liebt die Wahrheit.

Kagemni

Pharao setzt das Recht
an die Stelle der Ungerechtigkeit.

Pyramidentext, Spruch 627

Rechtschaffenheit offenbart den Herrn,
und Ehrfurcht gebietet, was aus seinem Hause dringt.

Merikare

Ich habe die Maat gepriesen,
die der göttliche Schöpfer liebt.
Ich weiß, er lebt durch sie.
Sie ist auch mein Brot,
ich labe mich an ihrem Morgentau
und bin eins mit ihr.

Worte der Königin Hatschepsut

Das Licht des Himmels erglänzt für dich,
Herr des Palastes.
In Einklang bringt es für dich die Zweiheit.
Für dich verwandelt die Finsternis sich in Harmonie.
Die Harmonie der Welt wird dir dargebracht,
was du siehst und was du hörst, ist Harmonie.
Die Harmonie der Welt ist vor dir und hinter dir.
Die Harmonie der Welt ist ein Teil von dir.

Pyramidentext, Spruch 44

Das Glück eines Landes stellt sich ein,
wenn Gerechtigkeit geübt wird.

Der redekundige Oasenmann

Die Stärke des Pharao ist die Gerechtigkeit.
Frevel wird geübt an den Bauwerken eines Frevlers,
die Taten eines Lügners haben keinen Bestand.

Tempel Sethos' I. in Kanais

Erhaben ist die göttliche Ordnung,
und ihre Wirkung dauert fort.
Nichts hat sie verwirrt seit der Zeit des Osiris …
Wenn das Ende kommt,
bleibt nur die Maat bestehen.

Ptahhotep

Gut durchgeknetet
gelangt die Wahrheit zum Gelehrten,
gemäß den Worten der Ahnen.

Merikare

Ein Großer lebt von Rechtschaffenheit.
Unrecht ist das, was er verabscheut.
Er gesellt sich zu den Ehrbaren,
und Gefolgschaft leistet er der Maat.

Papyrus Brooklyn

Übe Redlichkeit, solange du auf Erden weilst.
Lindere den Schmerz dessen, der leidet,
bedränge keine Witwe,
vertreibe keinen Mann von der Habe seines Vaters,
hindere die Großen nicht daran, ihre Pflicht zu erfüllen,
und wende keine ungerechten Strafen an.

Merikare

Solange ich lebte, hatte ich ein Amt inne.
Das Siegel, das mir anvertraut ward,
hütete ich bis ans Ende meiner Tage.
Selbst wenn ich ruhte, trennte ich mich nie von ihm.
Wurde ich vor Gericht gestellt, erwies sich meine
Unschuld, und die falsche Anklage fiel auf jene
zurück, die sie erhoben hatten.
Alles geriet wohl unter meinen Händen,
denn ich war ein tugendhafter Diener.

Inschrift des Pepi-Anch in Meir

Ich habe Maat gesprochen und Maat geübt,
ich habe stets die Wahrheit gesagt,
ich habe nur Gutes berichtet.
Ich habe gehandelt, wie es das Gesetz gebietet,
so daß mir die Liebe der Menschen zuteil wurde.
Ich habe jene ausgesöhnt, die zerstritten waren.
Ich habe den Schwachen gerettet vor dem,

der stärker war als er,
wann immer ich die Macht dazu hatte.
Ich habe Brot gegeben dem, der hungerte,
Wasser dem, der dürstete,
und ein Gewand dem, der keins besaß.
Den, der ohne Barke war,
setzte ich ans andere Ufer über.
Ich baute eine Grabstätte für den,
der keinen Sohn hatte, sie ihm zu errichten.

Mastaba des Scheschi in Sakkara

Ich führte die Maat aus für ihren Herrn,
ich stellte den Gott zufrieden mit dem, was ihm gefällt.
Aufrichtig war stets, was ich sagte.
Ich sprach die Wahrheit und übte Gerechtigkeit.
Dem Hungernden gab ich Brot,
dem Nackten Kleider.
Ich brachte meinem Vater Achtung entgegen,
und ich erfreute mich der Liebe meiner Mutter.
Nie sagte ich irgend jemandem Übles nach,
denn ich wollte geschätzt sein und angesehen
bei Göttern und Menschen, bis in Ewigkeit.

Mastaba des Idu in Sakkara

Trage Sorge dafür, daß alles dem Gesetz gehorcht
und jedem zu seinem Recht verholfen wird.
Ein Richter ist den Blicken der Leute preisgegeben.
Wasser und Wind zeugen von dem, was er tut,
so daß es niemandem verborgen bleibt.

Grab des Rechmire in Theben

Begünstige nicht den, der gut gekleidet ist,
ziehe aber auch nicht den vor, der in Lumpen geht.
Nimm kein Geschenk von einem Mächtigen an,
und sei nicht um seinetwillen ungerecht gegen einen
Schwachen.

Amenemope

Alles hat seine Regeln und läuft nach der Vorschrift ab.

Ptahhotep

Halte dich streng an die göttliche Ordnung,
aber übertreibe sie nicht.

Ptahhotep

Die Maat und das ewige Leben

Bedenke das Herannahen der Ewigkeit.
Rechtes zu tun ist der Odem des Lebens.

Der redekundige Oasenmann

Verwehrt bleibt dem Frevler das Reich der Maat,
die Stätte des Schweigens.
Besteigen darf ihre Fähre nur,
wer aufrichtigen Herzens ist,
denn die Unredlichen setzt der Fährmann nicht über.
Wie glücklich ist, wer am schönen Ufer landet!

Hymne an Amun, Papyrus Leiden

Unredliches Tun kann den Hafen nicht erreichen,
nur der Rechtschaffene kommt an Land.

Der redekundige Oasenmann

Preis dir, Harmonie des Weltalls,
Herrin über den Wind des Nordens!
Die Nase öffnest du den Lebenden,
den Wind schickst du stetig dem,
der in deiner Barke segelt ...
Gewähre mir, einzutreten
in die paradiesischen Gefilde,
zum Feld der Opfergaben zu gelangen
und Speise zu empfangen jeden Tag
von allen Opfertischen der Stadt des großen Pfeilers.
Möge mein Herz wandeln im Reich der Unterwelt,
möge der rechte Weg mir aufgetan werden.

Stele, Britisches Museum

Ich war ein aufrichtiger und gerechter Mann,
frei von Niedertracht,
der kundig war in der Macht Gottes
und ihn in seinem Herzen trug.
Ich kam in das Reich der Ewigkeit,
nachdem ich recht gehandelt auf Erden.
Niemandem tat ich ein Leid an,
und kein Vorwurf ward gegen mich erhoben.
Nie ward mein Name genannt mit etwas Bösem,
und kein Vergehen ward mir zur Last gelegt.
Mit Freuden sagte ich die Maat,
denn ich wußte, zauberkräftig erstrahlt sie
über dem, der sie übt auf Erden,
von der Geburt bis zu seinem Hinscheiden.
Eine feste Stütze ist sie dem, der sie verkündet,
am Tage, da er vor den Richtern des Jenseits erscheint,
die das Urteil sprechen über den Elenden,
die das Wesen jedes Menschen aufdecken,
den Sünder bestrafen und seine Seele vernichten.
Ich führte mein Leben in Rechtschaffenheit.

Hört auf mich, ihr Lebenden:
Übt jeden Tag Gerechtigkeit,
sie ist ein Korn, an dem sich keiner übersättigt.
So werdet ihr frohen Herzens
durch das Diesseits schreiten,
bis ihr dereinst eintretet in den Schönen Westen.
Und eurer Seele wird die Kraft zuteil,
zu wandeln gleich den Herren der Ewigkeit,
die fortbestehen mit ihren Ahnen immerdar.

Stele des Baki, Turin

Mache deinen Platz im Westen schön
und schaffe dir ein prächtiges Haus im Reich der Toten,
indem du redlich handelst und das Rechte tust.
Nur darauf kann sich das Herz eines Menschen stützen.

Merikare

Die Rechtschaffenheit währt bis in Ewigkeit.
Mit dem, der nach ihr gehandelt,
steigt sie hinab ins Reich der Unterwelt.
Er wird in den Sarg gelegt,
er wird in die Erde gebettet,
doch sein Name wird nicht ausgelöscht,
denn man gedenkt seiner
wegen des Guten, das er getan.
So gebietet es das Wort Gottes.

Der redekundige Oasenmann

Wenn du ein rechtschaffenes Leben führst,
dann wirst du wieder jung, sobald deine Zeit kommt,
dann werden dir so viele Jahre beschert wie dem Frosch,
dann wirst du wiederkehren, wie du bist.

Lied des Harfners Nefersechau

Das Gute und das Böse

Lerne auf die Worte zu hören
und das Gute vom Bösen zu unterscheiden.

Amunnacht

Beantworte nicht Gutes mit Bösem.
Setze nicht das eine an die Stelle des anderen.

Der redekundige Oasenmann

Dem, der Böses tut,
wird unabwendbar Böses widerfahren.

Urkunden des Ägyptischen Altertums

Das Herz des Gottes ist in großer Trauer über das Böse,
das er bestrafen muß.
Was nicht sogleich vergolten wurde, wird es dereinst.

Tempel in Edfu

Ich habe mein Leben geführt,
indem ich das Gute suchte,
ich habe in Frieden Ehrwürdigkeit erlangt,
ich habe die Maat eingesetzt für Deine Majestät,
Tag um Tag.
Ich war unparteiisch und gerecht,
frei von Bösem,
mein Herz verbindet sich mit keiner schlimmen Tat.

Inschrift auf einem Pyramidion

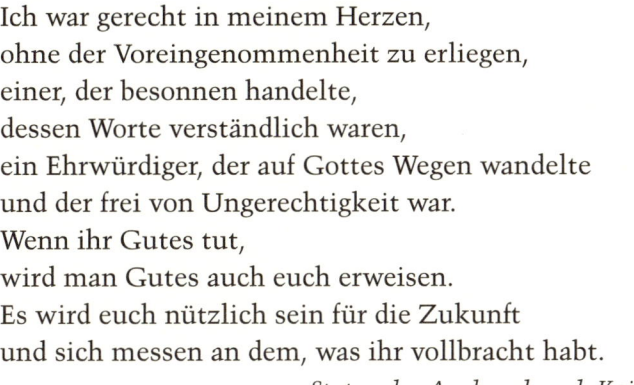

Ich war gerecht in meinem Herzen,
ohne der Voreingenommenheit zu erliegen,
einer, der besonnen handelte,
dessen Worte verständlich waren,
ein Ehrwürdiger, der auf Gottes Wegen wandelte
und der frei von Ungerechtigkeit war.
Wenn ihr Gutes tut,
wird man Gutes auch euch erweisen.
Es wird euch nützlich sein für die Zukunft
und sich messen an dem, was ihr vollbracht habt.

Statue des Anchpachered, Kairo

Ich bin gekommen, das Böse aus meinem Herzen zu
verbannen und die Wirrnis zu bezwingen, die in ihm ist.
Ich bin gekommen, um dir die Maat darzubringen,
jene schöpferische Kraft, die sich nährt
von Menschlichkeit und lebt durch die Gottheit.

Sarkophagtext, Spruch 306

Verbrüdere dich nicht mit einem Manne von üblem
Wesen, selbst wenn er ein hoher Beamter ist.

Ani

Dem Krokodil, der Schlange und einem schlechten
Menschen kann man das Gift nicht austreiben.

Papyrus Insinger

Auch eine kleine Schlange hat Gift.

Papyrus Insinger

Erst wenn das Krokodil sich zeigt,
ermißt man die Angst, die man vor ihm hat.
Ein Krokodil stirbt nicht aus Furcht,
es stirbt an Hunger.

Anch-Scheschonk

Zwar kann die Gemeinheit Schätze anhäufen,
doch nie nimmt das Böse ein gutes Ende.

Ptahhotep

Männer, die Ämter innehaben,
müssen das Böse bekämpfen
und dem Guten zu seinem Recht verhelfen,
Künstler müssen sie sein, die schaffen, was sein soll.

Der redekundige Oasenmann

Unterweise lückenlos und züchtige kräftig.
Wer dem Bösen wehrt, schafft gute Eigenschaften,
die Bestand haben.

Ptahhotep

Es bedarf nur eines Augenblicks, etwas zu berichtigen,
jedoch das Unrecht währt lange.

Der redekundige Oasenmann

Auch ein kleines Übel beschleunigt den Tod,
auch eine kleine gute Tat bleibt dem Gott nicht
verborgen.

Papyrus Insinger

3
Der Gott der Weisen

Der einzigartige Gott

Du bist der Eine, der seine Stätte schuf.
Kein Vater zeugte dich bei deinem Entstehen,
keine Mutter gab es, die dich gebar.

Hymne an Ptah

Du bist der Eine, der Einzige,
du bist der, den es gab von Anfang an,
du bist der Schöpfer des Himmels und der Erde,
der alles, was da ist, mit Leben erfüllt.

Stele, Lyon

Der Eine, der Einzigartige, der schuf, was da ist,
durch ihn ward die Erde zum ersten Mal.
Von Geheimnis umgeben sind seine Anfänge,
ohne Zahl seine Formen,
seinen Ursprung kennt man nicht …
Alles, was da ist, entstand durch ihn.
Nichts besteht ohne ihn.
Er verbirgt seine eigene Gestalt
und erstrahlt im hellen Licht.

Papyrus Kairo

Gott ist der Schöpfer, der sich selbst erschuf,
der Former, der selbst nie geformt wurde,
der Eine, der durch die Ewigkeit fährt.

Hymne der Baumeister Suti und Hor

Du, der sich selbst formte
und dessen Gestalt niemand kennt,
du schöner Glanz, der sich offenbart
als heilige Erscheinung,
du, der seine Bildnisse und sich selbst erschuf,
du Mächtiger, der gestaltete nach seinem Herzen,
der seinen Samen mit seinem Leibe verband
und ein Ei entstehen ließ
in seinem geheimnisvollen Inneren.

Hymne an Amun, Papyrus Leiden

Der Eine, der Einzige, der alle Wesen formte,
der Eine, der Einsame mit vielen Armen.
Der Einzige, der schuf, was da ist,
aus dessen Augen die Menschen kamen,
aus dessen Mund die Götter hervorgingen.

Hymne an Amun, Papyrus Kairo

Der vielgestaltige Gott

Dreifach ist die Gottheit: Amun, Re und Ptah.
Ihren Namen verbirgt sie als Amun,
das göttliche Licht läßt sie erglänzen als Antlitz des Re,
und sie nimmt Gestalt an in Ptah.

Hymne an Amun, Papyrus Leiden

Als göttliche Achtheit erschienst du zum ersten Mal,
indes du die vielen erschufst,
du Einziger in deiner Art.
Verborgen war dein Leib den Ahnen,
verborgen als Amun an der Spitze der Götter.

Hymne an Amun, Papyrus Leiden

Gott zeigt seine Macht in Millionen Formen.

Ani

Der verborgene Gott

Unter den Menschen folgt ein Geschlecht dem anderen,
und Gott, der ihr Wesen kennt, hält sich verborgen.

Merikare

Einzig ist der Verborgene,
der sich vor den Göttern verhüllt,
so daß sie seine wahre Gestalt nicht schauen.
Keiner von ihnen kennt sein wahres Wesen,
keine Schrift tut es kund.
Niemand vermag ihn je zu beschreiben,
zu groß ist er, ihn zu verstehen,
zu unergründlich, ihn zu erforschen.
Wie vom Blitz getroffen stürzt nieder,
wer seinen geheimen Namen ausspricht.

Hymne an Amun, Papyrus Leiden

Du bist der verborgene Gott,
der Herr des Schweigens,
der Beistand leistet dem Demütigen,
du, der Atem gibt, wem er mangelt.

Stele, Berlin

Gott kommt mit dem Wind, man sieht ihn nicht.
Seine Gegenwart durchweht die Nacht.
Er schafft das, was oben ist, und das, was unten ist.

Tafel, Kairo

Gott ist in der Urflut,
sie macht ihn nicht unsichtbar,
sie bringt den zum Vorschein, der sich in ihr verbirgt.

Merikare

Wer sagt: «Das kann nicht geschehen»,
der möge an das Verborgene denken.
Tag für Tag offenbart Gott auf Erden
sein geheimes Werk.

Papyrus Insinger

Gott und Mensch

Der Mensch ist Lehm und Stroh,
und Gott ist sein Baumeister,
er zerstört und errichtet Tag um Tag.

Amenemope

Was Menschen ersinnen, läßt sich nicht ertrotzen,
allein was Gott befiehlt, das geschieht.

Ptahhotep

Gott ist stets vollkommen,
der Mensch stets unvollkommen.
Die Worte der Menschen sind eine Sache,
die Taten des Gottes eine andere.

Amenemope

Wenn Geschick und Glück kommen und gehen,
ist es Gott, der sie sendet.

Papyrus Insinger

Der Weg Gottes

Du, mein Herr, Thot, zweimal groß,
du Einzig-Einer,
der du nicht deinesgleichen hast,
der du hörst und siehst, was vor sich geht,
der du jeden kennst, der vor ihn tritt,
und ohne dessen Wissen nichts geschieht!
Du hast mein Herz geleitet,
auf deinen Wassern zu wandeln.
Wer deinem Weg folgt, der wird nicht straucheln.

Petosiris

O ihr Lebenden, die ihr schon weilt auf Erden,
und ihr, die ihr erst geboren werdet,
alle, die ihr kommt zu diesem Berge,
seht dies Grab und tretet zu ihm.
Eilt herbei, daß ich euch leite auf dem Weg des Lebens.
Dann werdet ihr mit gutem Wind segeln
und in die Stadt der Generationen gelangen.
Gut ist der Weg des Menschen, der Gott gehorcht.
Glücklich ist der, dessen Herz ihm diesen Weg weist.

Petosiris

Erleuchtet ist, wer auf dem Weg Gottes wandelt,
und Großes wird dem zuteil, der ihm beharrlich folgt.
Ein Denkmal errichtet sich auf Erden,
wer danach trachtet, Gottes Weg zu folgen.
Wer am Weg Gottes festhält,
der verbringt sein Leben in Freude,
reicher an Schätzen als alle seinesgleichen.

Petosiris

Nicht in die Irre gehen kann, wen Gott leitet.
Doch wen er ohne Schiff läßt,
der findet keine Überfahrt.

Ptahhotep

Gott dienen

Sei ein beständiger Diener deines Gottes,
nimm die weißen Sandalen und gehe in den Tempel,
tritt ein in das Allerheiligste,
iß das Brot im Hause des Gottes,
bringe ihm frische Trankopfer dar,
vermehre die Gaben auf den Altären und
bekümmere dich um deine Denkmäler,
solange dir Kraft gegeben ist.
Schon ein einziger Tag trägt Früchte in der Ewigkeit,
eine einzige Stunde wirkt in die Zukunft,
denn Gott kennt den, der für ihn handelt.

Merikare

Feiere das Fest deines Gottes
und wiederhole es zur rechten Zeit.
Gott zürnt dem, der säumt.

Ani

Verehre Gott auf seinem Weg
und achte nicht seiner Gestalt,
sei er gemacht aus edlen Steinen
oder getrieben aus Kupfer.
Eine Form ersetzt eine andere,
gleich der Welle, die auf eine Welle folgt.

Merikare

Er ist der Herr der Äcker und Ufer,
vom Anfang des Meßstricks bis zu dessen Ende.
Mit seiner königlichen Elle berechnet er die Steine,
den Strick spannt er über den Erdboden
und gründet Länder und Tempel.
Jede Stadt ist unter seinem Schatten,
darin sein Herz sich ergeht nach seinem Verlangen.
Gesänge steigen empor für ihn im Tempel,
und jede Wirkstätte steht in seiner Liebe.
An den Tagen des Festes braut man für ihn das Bier
und wacht des Nachts, ihm zu huldigen,
so daß sein Name schallt von den Dächern
und ihm zu Ehren sich Gesang erhebt.

Hymne an Amun, Papyrus Leiden

Mein Herz strebt danach, dich zu schauen,
Herr der Perseabäume.
Du vertreibst den Hunger, ohne daß man ißt,
du stillst den Durst, ohne daß man trinkt …
Du bist der Vater dessen, der keine Mutter hat,
der Gemahl der Witwe.
Wie lieblich ist es, deinen Namen zu nennen!
Er verheißt ein schönes Leben,
das Kind labt er wie Brot,
ein Stück Stoff ist er dem Nackten,
er gleicht einer Frucht.

Grab des Pairi

Möge kein Glied mehr in mir sein, das ohne Gott ist.
Möge der Gott des Wissens
meinem Leibe Schutz gewähren.

Zweites Buch vom Atmen

Mische dich unter die Götter des Himmels, auf daß
kein Unterschied mehr sei zwischen dir und einem
von ihnen, und dein Leib werde «Der, der ist und der
noch nicht ist», bis in Ewigkeit.

Ritual der Mundöffnung

Gott und das Licht

Gott schuf das Licht und die Finsternis,
darin sich alle Geschöpfe befinden.

Anch-Scheschonk

Du bist das göttliche Licht,
das am Himmel erglänzt,
das die Erde erhellt mit dem Funkeln deines Auges,
das hervorgegangen ist aus dem Urmeer,
das aufgetaucht ist aus dem Schoß des Wassers,
das erschaffen hat, was ist,
das entstehen ließ die Neunheit der Götter,
das sich selbst gezeugt hat.

Amenhotep, Sohn des Hapu

Du erscheinst in schönem Glanze
am Horizont des Himmels,
du lebende Sonnenscheibe, du Quell des Lebens!
Gehst du auf im östlichen Horizont,
erfüllst du jedes Land mit deiner Schönheit;
Herrlich, erhaben und strahlend erhebst du dich.

Hymne an Aton

Du rufst das göttliche Licht an.
In der Stätte der Verklärung wirst du gehört,
und die Kraft des Schöpfers antwortet dir.

Lied eines Harfners

Wenn ich wandele auf den himmlischen Wassern,
huldige ich dem Glanz der Sonne,
dem Licht meiner Augen.
Ich bin der große Gott, der aus sich selbst entstand.
Ich vereine meine Namen.
Mir gehört das Gestern, ich kenne das Morgen.
Ich bin der Phönix, keine Unreinheit ist in mir.
Ich kenne den Weg,
ich lenke meine Schritte zur Insel der Gerechten,
ich erreiche das Lichtland,
ich füge das Auge wieder zusammen,
ich sehe das Licht,
ich bin eines dieser Wesen aus Licht,
die im Licht wohnen.

Buch vom Herausgehen am Tage

Ich bin Re, der Herr des Lichts.
Mein ist das Wort.
Mit seiner Kraft fahre ich über den Himmel.

Sarkophagtext, Spruch 818

Ich bin der, dessen Gestalt niemand kennt,
der sich verbirgt inmitten des Lichts.
Ich gehe in das Feuer hinein,
ich komme aus ihm heraus,
und das Licht durchbohrt mich nicht.

Sarkophagtext, Spruch 246

Pharao hat sich den hellen Glanz des Gottes geschlagen
zu Stufen unter seine Füße.

Pyramidentext, Spruch 508

Du hältst das Licht in deinen Händen,
du wirst herausgehen am Tage
wie der schöne Glanz des Gottes,
der sich überall erhebt.

Ritual der Einbalsamierung

Gott des Lichtes,
gewähre mir, mich zu deinem Gefolge zu zählen,
als Schiffer, der in deiner göttlichen Barke fährt.

Stele, Florenz

4
Der Weise und
das Weltall

Die himmlische Kraft

O du, der du im Urgewässer treibst,
nahe dem Himmel,
rüste die Barke,
auf daß ich lande in den Gefilden des Lichts.

Sarkophagtext, Spruch 815

Ich bin der große Gott,
der sich selbst erschuf.
Wer ist es?
Die Kraft.
Das Urgewässer der Kraft,
der Vater der Götter.

Grab der Königin Nefertari

Ich bin der Süden,
ich bin der Norden,
ich bin der Osten,
ich bin der Westen,
ich bin der Herr des Weltalls.
Ich bin hervorgegangen aus dem Urmeer
zur nämlichen Zeit wie das Licht Gottes.

Zweites Buch vom Atmen

Ich bin ein Gefolgsmann des göttlichen Lichts,
einer, der Besitz ergriffen hat vom Himmel.
Ich bin zu dir gekommen, mein Vater Re.

Ich habe den Lichtraum durchmessen,
ich habe der Großen Schlange zugerufen
und halte sie fern mit meinem Wort.
Ich habe die Finsternis durchschritten,
die den Weg des göttlichen Lichts säumt.
Ich habe Besitz ergriffen vom Himmel.

Buch vom Herausgehen am Tage

Drei ist für den Himmel,
zwei für die Erde.

Pyramidentext, Spruch 694

Die Sterne

Ich steige empor zum Himmel,
ich durchdringe den Geist der Erde,
ich folge dem Weg zum Licht
und erreiche den Stern.

Sarkophagtext, Spruch 545

Mögest du aufsteigen,
mögest du dich erheben zum Himmel
als der große Stern, der im Osten wohnt.

Pyramidentext, Spruch 485

Wahrlich, du bist dieser Stern,
den der Westen gebar,
und du wirst nicht vergehen.

Sarkophagtext, Spruch 9

Der Blick des zu neuem Leben Erweckten ist offen.
Er schaut den Herrn des Lichtlandes,
wenn er über den Himmel fährt.
Er läßt ihn erscheinen als der große Gott,
der Herr der Ewigkeit,
der unvergängliche Stern.

Sarkophagtext, Spruch 788

Ich jauchze, denn ich habe den Himmel berührt.
Ich durchdrang das Firmament,
ich streifte die Sterne,
ich schäumte über vor Freude,
daß ich erglänzte wie ein Gestirn
und tanzte wie ein Sternbild.

Grab des Sarenput in Assuan

Ich flog empor als Schwalbe,
ich ließ mich nieder als Falke.
Ich wurde hinaufgetragen zur Stätte der Gerechtigkeit
und segelte als Schwalbe zu den Glückseligen.
Die Schwalben sind die unvergänglichen Sterne,
die dem Pharao den Baum des Lebens darbringen,
der ihnen Leben verleiht.

Pyramidentext, Spruch 626
Sarkophagtext, Spruch 205

Die Natur

Ursprung der Beiden Länder, die vereint,
Nahrung und Wesen der Gemeinschaft der Götter,
strahlender Geist unter seinesgleichen:
Für ihn läßt das Urmeer sein Wasser quellen.
Für ihn weht der Nordwind gen Süden,
für seine Nase gebiert der Himmel die Luft,
auf daß sein Herz Vollendung erfahre.
Sein Herz läßt die Pflanzen gedeihen,
für ihn bringt die Erde Nahrung hervor.
Ihm gehorchen Himmel und Sterne.

Stele, Louvre

Der Blick der Menschen öffnet sich,
wenn sie ihn schauen.
Die Bäume wenden sich seinem Antlitz zu,
seinem einzigen Auge,
und entfalten ihre Blätter.
Die Fische springen im Wasser,
alle Tiere hüpfen vor Freude,
und die Vögel schlagen mit ihren Flügeln,
wenn sie ihn gewahren in seiner schönen Stunde.
Sie leben, weil sie ihn sehen Tag für Tag.

Hymne an Amun, Papyrus Leiden

Gottes Wort wohnt in den Stieren,
die weise Eingebung in den Kühen.
Man gebe ihnen ohne Säumen zu fressen.

Petosiris

Pharao lebt vom Baum der süßen Früchte
und von der Räucherung, die auf Erden geschieht.

Pyramidentext, Spruch 409

Fülle deine Hand mit allen Blumen,
die dein Auge erblickt.
Man bedarf ihrer.
Es ist gut, sie nicht entbehren zu müssen.

Ani

Es gibt keinen Fluß, der sich verbergen ließe,
denn er durchbricht den Damm, der ihn zurückhält.

Merikare

5
Der Weise und
die Zeit

Rechtschaffenheit waltete zu Zeiten der Ahnen,
da die Gerechtigkeit vom Himmel kam und sich mit
jenen verband, die auf Erden weilten. Es herrschte
Überfluß, gefüllt waren die Bäuche, und die Beiden
Länder kannten keinen Hunger. Die Mauern stürzten
nicht ein und der Dorn stach nicht in der Zeit
der Urgötter.

Urkunden des Ägyptischen Altertums

Gräme dich nicht über das, was erst kommen wird,
und jauchze nicht über das, was noch nicht da ist.

Der redekundige Oasenmann

Rüste dich nicht heute für den morgigen Tag,
ehe er da ist.
Liegt das Gestern nicht gleich dem Heute
in der Hand Gottes?

Hieratischer Ostrakon

Mein war das Gestern, ich kenne das Morgen.

Sarkophagtext, Spruch 335 A

Diese Erde wird zurücksinken in das Urmeer,
in die Unendlichkeit ihres Anbeginns.
Bleiben wird allein die Schöpferkraft,
vereint mit Osiris
und aufs neue verwandelt in eine Schlange,
welche die Menschen nicht kennen
und die Götter nicht sehen.

Buch vom Herausgehen am Tage

Ich bin der Ewige,
ich bin das göttliche Licht,
hervorgegangen aus dem Urgewässer
in diesem meinem Namen: der von selbst Entstandene.
Meine Seele ist von göttlichem Wesen.
Ich bin der, welcher das Wort schuf.
Ich entstehe aus mir selbst, Tag für Tag,
mein Leben ist die Ewigkeit.

Sarkophagtext, Spruch 307

Schon ein einziger Tag kann die Ewigkeit verheißen.

Merikare

Es gibt eine männliche und eine weibliche Ewigkeit.
Die erste ist der Tag, die zweite die Nacht.

Sarkophagtext, Spruch 335 B

Möge ich entlohnt werden
mit einem schönen Haus für die Ewigkeit,
daß ich auf Erden wandeln kann als Seelenvogel,
um den Herrn der Götter zu bewundern.

Papyrus Chester Beatty

Lebende, die ihr auf Erden weilt
und an meinem Haus für die Ewigkeit vorüberkommt,
ob ihr den Fluß hinauf fahrt oder hinunter,
sprecht diese Worte:
Tausend Brote und Krüge Bier für den, der hier wohnt.
So werde ich ewig leben im heiligen Boden.

Grab des Hirkhuf in Assuan

Kein Haus für die Ewigkeit ist dem beschieden,
der Aufruhr stiftet.

Stele, Kairo

6
Die Kenntnisse
des Weisen

Das Herz

Die Neunheit der Götter hat den Menschen Augen
gegeben zum Sehen, Ohren zum Hören und eine Nase
zum Atmen, auf daß alles in ihr Herz gelange.
Das Herz birgt das Wissen, und was es versteht,
faßt die Zunge in Worte.
So entstanden alle schöpferischen Mächte, Mensch
und Gott und seine Neunheit.
Jeder Spruch Gottes entspringt dem, was das Herz
denkt und die Zunge in Worte faßt.
So wurden geschaffen die schöpferischen Kräfte und
die Eigenschaften der Menschen.
So wurde hervorgebracht durch das Wort alles Nahr-
hafte und jede erquickende Speise.
So wurde das Leben gegeben dem Gerechten und der
Tod dem Sünder.
So wurden geschaffen alle Arten der Arbeit und alle
Formen des Handwerks, die Taten der Hände, die
Bewegung der Beine und die Regsamkeit aller Glieder,
nach der Ordnung, die das Herz ersann und die Zunge
in Worte faßte, nach der Ordnung, die stetig jedem
Ding seine Bedeutung verleiht.

Stein des Schabaka

Du bist der Hirte, o Amun,
du führst die Herde auf die Weide.
Führe mich zu meiner Speisung,
du, der unermüdliche Hirte.

Wer dich in seinem Herzen bewahrt,
dessen Licht erstrahlt.

Ostrakon, Britisches Museum

Das Herz des Menschen ist eine Gabe Gottes,
hüte dich davor, es außer acht zu lassen.

Amenemope

Sind Herz und Zunge ohne Fehl,
führt man sein Leben richtig.

Papyrus Insinger

Folge deinem Herzen, solange du lebst,
und tue nicht mehr, als verlangt wird.
Verkürze nicht die Zeit der Muße,
denn deinem Ka ist es ein Greuel,
wenn du nicht auf die Stimme des Herzens hörst.
Vergeude nicht den Tag
durch übertriebene Sorge für dein Haus.
Was auch geschieht, folge deinem Herzen.
Die Dinge gedeihen nicht besser,
wenn du es vernachlässigst.

Ptahhotep

Folge deinem Herzen, solange du auf Erden weilst,
und feiere einen glücklichen Tag.

Stele, Britisches Museum

Trenne deine Zunge nicht von deinem Herzen,
dann wird alles, was du tust, gelingen.

Amenemope

Sei standhaft in deinem Herzen, mache es stark,
und lenke dein Schiff nicht mit deiner Zunge.
Mag die Zunge des Menschen auch das Ruder des
Schiffes sein, so ist es doch der Allherr, der es steuert.

Amenemope

Mein Herz hieß mich, nach seiner Weisung zu handeln.
Es ist mir ein vortrefflicher Zeuge.
Ich übertrete seine Gebote nicht,
denn ich scheue mich,
seinen Befehlen nicht zu gehorchen.
Wenn mir großer Wohlstand zuteil geworden,
so danke ich ihn dem Weg,
den es mir in meinen Taten wies.
Seiner Lehre folgend, ward ich ohne Fehl und Tadel.
Ein Wort Gottes ist das Herz in jedwedem Leibe.

Urkunden des Ägyptischen Altertums

Höre auf meine Worte
und mache dich sachkundig in jeglicher Arbeit.
Lasse dein Herz zu einem Damm werden,
an dem die Flut sich bricht.

Amunnacht

Das Wesen eines rechtschaffenen Mannes erweckt
bei Gott größeres Wohlgefallen als der Ochse, den ihm
ein Sünder opfert.

Merikare

Herz meiner Mutter, Herz meines Seins,
erhebe dich nicht als Zeuge gegen mich,
stelle dich nicht gegen mich
im Gerichtshof des Jenseits;
du bist die Lebenskraft in meinem Leibe,
der Schöpfer, der meine Glieder erhält.

Buch vom Herausgehen am Tage

Das Wissen

Huldigen und jauchzen wir dem Gott des Wissens,
dem Bleilot, das die Genauigkeit der Waage verkörpert.
Er hält das Böse fern und empfängt den Menschen,
der Zwietracht vermieden hat.
Er ist der Richter, der die Worte wägt,
der die Stürme besänftigt,
der Frieden gibt,
der Schreiber, der die Geheimnisse bewahrt,
der den bestraft, der Böses getan,
der den Gehorsamen empfängt,
der, dessen Arm stark ist,
der Weise inmitten der Neunheit,
jener, der den Vergessenen zurückkehren läßt,
jener, der dem Verirrten seinen Rat zuteil werden läßt,
jener, der den Augenblick festhält,
die Stunden der Nacht beschreibt
und dessen Worte bleiben werden bis in alle Ewigkeit.

Statue des Haremhab

Meine Barke gewährt mir die Überfahrt.
Der Gott des Wissens läßt mich landen,
wie er das Auge des Horus landen ließ,
der ohne Schiff war.

Sarkophagtext, Spruch 182

Wer diesen Spruch kennt,
wird nicht sterben zum zweiten Mal.
Seine Feinde werden keine Macht über ihn haben,
und kein Zauber wird ihn zurückhalten auf Erden.

Sarkophagtext, Spruch 83

Wer diesen Spruch kennt,
der wird sein wie Re am Himmel
und gleich Osiris zu neuem Leben erweckt.
Er wird hinabsteigen in den Feuerkreis,
und keine Flamme wird sich gegen ihn richten.
Sein Ende wird glücklich sein.

Sarkophagtext, Spruch 1130

Wer dies weiß, der wird sich verwandeln
in einen Falken,
den Sohn des göttlichen Lichts.
Wer dies weiß auf Erden, der wird nicht sterben,
er wird eingehen in die Ewigkeit.
Er wird Brot essen im Hause des Osiris,
er wird eintreten in den Tempel des mächtigen Gottes,
und ihm werden Opfergaben dargebracht.

Sarkophagtext, Spruch 339

Die Wege des zu neuem Leben Erweckten
sind im Himmel.
Wer den Spruch kennt, sie zu beschreiten,
ist selbst ein Gott,
einer, der Gefolgschaft leistet dem Gott des Wissens.
Er kann in jeden Himmel gelangen,
in den er gelangen möchte.

Wer aber den Spruch nicht kennt,
auf diesen Wegen zu wandeln,
der wird ferngehalten vom Tisch der Opfergaben.

Sarkophagtext, Spruch 1035

Der Wissende findet Gnade.
Der Unwissende verwirkt die ewige Seligkeit.

Tempel in Edfu

Die Magie

Gott hat den Menschen die Magie gegeben,
um dem Schlag des Unheils zu wehren.

Merikare

Wer das Buch der Magie kennt,
der wird herausgehen am Tage
und auf Erden wandeln unter den Lebenden.
Nie wird er sterben.
Es hat sich als wirksam erwiesen, millionenmal.

Buch vom Herausgehen am Tage

Mögen deine Gedanken magische Beschwörungen sein,
die deinem Munde entströmen.

Buch vom Herausgehen am Tage

Ich bin gekommen,
gerüstet mit meinen magischen Formeln.
So vermag ich meinen Durst zu stillen,
denn ich bin im Besitz des göttlichen Wortes.

Sarkophagtext, Spruch 644

Ich bin ein Wesen des Lichts,
ausgestattet mit seinen magischen Kräften.
Feindselige Geister werden mir nichts anhaben.
Sie können nicht sprechen
aus Furcht vor dem, dessen Name verborgen ist.
Er ist in mir, ich kenne ihn, er ist mir nicht fremd.

Sarkophagtext, Spruch 1130

Ich kenne das Geheimnis der Worte Gottes
und den Vollzug der Riten.
Ich habe jeden Zauber angewandt
und kein Gesetz mißachtet.
Nichts ist mir verborgen geblieben.
Ich schaue das göttliche Licht
in seinen mannigfaltigen Formen.

Stele, Louvre

Sehen

Was sich ereignet in jedem Landstrich,
wird dir berichtet,
selbst wenn du in deinem Palaste weilst.
Du hörst, was in allen Ländern gesagt wird,
du besitzt Millionen Ohren.
Dein Auge leuchtet heller als die Sterne des Himmels,
dein Anblick ist erhabener als die Sonnenscheibe.
Du vernimmst die Worte dessen, der sie ausspricht,
und säße er auf dem Grunde einer Höhle.
Dein Auge sieht alles, was verborgen ist.

Papyrus Anastasi

Die Kraft des Pharao besteht in seinem Auge.

Pyramidentext, Spruch 260

Pharao erhebt sich zum Himmel
gleich dem Auge des göttlichen Lichts.
Pharao wandelt in den Gefilden der Speisung,
denn Pharao ist das Auge des Re.

Pyramidentext, Spruch 522 und Spruch 402

Ich war rechtschaffen und gerecht,
ich verabscheute die Lüge,
und jeden Tag lebte ich von der Wahrheit.
Ich war ein Gelehrter, der nicht seinesgleichen hatte,
ein Mann, der Verworrenes entwirrte.

Stele des Rahotep, Oberpriester des Ptah

Die Teile meines Leibes wurden zusammengefügt,
was mir genommen ward, wurde mir wiedergegeben,
was getrennt ward, wurde aufs neue vereint,
meine Augen wurden geöffnet,
auf daß ich den großen Stern schaue.

Sarkophagtext, Spruch 106

Der zu neuem Leben Erweckte gleicht dem Falken
mit dem scharfen Blick, der durch den Himmel der
Nacht fliegt.

Pyramidentext, Spruch 488

Ich bin das Auge des Horus, das in der Nacht erglänzt
und eine Flamme schlägt mit seinem eigenen Licht.

Sarkophagtext, Spruch 1053

Deine Augen sind die Barke der Nacht
und die Barke des Tages.
Dein rechtes Auge ist die Barke der Nacht,
dein linkes Auge ist die Barke des Tages.

Sarkophagtext, Spruch 531

Schweigen

Der Ungestüme im Tempel ist wie ein Baum,
der in einem geschlossenen Raum wächst.
Kurze Zeit nur treibt er Schößlinge,
und er endet auf einem Holzstoß.
Das Wasser spült ihn weit fort,
oder die Flamme wird sein Leichentuch.
Der wahre Schweiger aber, der sich abseits hält,
gleicht einem Baum, der auf einer Wiese wächst.
Er grünt, mehrt seinen Ertrag
und reckt sich empor vor seinem Herrn.
Seine Früchte sind süß,
und erquickend ist sein Schatten.
Bis zu seinem Ende steht er im Garten.

Amenemope

Wenn du pflügst und dein Feld gedeiht,
weil Gott dir gibt im Überfluß,
dann prahle nicht vor deinem Nachbarn,
denn große Achtung zollt man nur dem Schweigsamen.

Ptahhotep

Thot, nimm mich auf in Hermopolis,
am Wohnsitz der Achtheit,
in deiner Stadt, in der es sich gut lebt.
Gib mir Brot und Bier,
bewahre meinen Mund vor unnützen Reden.
Möge Thot mich fortan beschützen!
Ich erscheine vor den Herren der Rechtschaffenheit,
ich trete hinaus mit gedämpfter Stimme.
Sechzig Ellen hoch wächst die Dumpalme,
sie trägt fleischige Früchte voller Flüssigkeit.
Du, der du das Wasser bändigst,
damit es hervorquelle an entlegenem Ort,
stille meinen Durst, denn ich bin ein Schweigsamer.
Thot ist ein süßer Brunnen
für den, der dürstet in der Wüste.
Versiegelt bleibt er dem Schwätzer,
nur dem Schweigsamen tut er sich kund.
Der Zurückhaltende kommt und findet den Brunnen,
der Zügellose ist verloren.

Papyrus Sallier

Glücklich ist, wer sich ganz auf den Arm Amuns
stützt, der den Schweigsamen beschützt, der
Lebensodem gibt dem, der ihn liebt, und ihm ein
glückliches Alter beschert im Westen von Theben.

Stele, Berlin

Das Schiff des Törichten bleibt im Schlamm stecken,
das Schiff des Schweigsamen segelt mit dem Wind.

Amenemope

Schmerzlich ist es, wenn man zu Gehörtem schweigt,
aber fruchtlos ist es, dem Unwissenden zu antworten.
Wer seiner Rede widerspricht, sät Zwietracht.
Sein Herz wird die Wahrheit nicht annehmen.

Cha-cheper-re-seneb

Hören und gehorchen

Dringt das Gehörte stetig ein in den, der hört,
wird aus dem, der hört, ein Gehorsamer.
Gutes Zuhören führt zu guter Rede.
Der Hörende ist Herr über das, was ihm frommt.
Zuhören ist nützlich für den, der zuhört.
Zuhören ist besser als alles andere,
denn es schafft große Beliebtheit.
Wen Gott liebt, der kann hören,
wer aber nicht hören kann, den haßt Gott.
Das Herz macht einen Menschen zu einem, der hört,
oder zu einem, der nicht hört.
Leben, Heil und Gesundheit eines Menschen
bestimmt sein Herz.
Wer zuhört, der hört, was gesagt wird,
und wer gern hört, der handelt nach dem Gesagten.

Ptahhotep

Der Unwissende, der nicht zuhört,
der bringt es nicht weit.
Wissen hält er für Torheit,
Nützliches für schädlich.
Er tut allerlei, was zu verabscheuen ist,
so daß er Verdruß erweckt, Tag für Tag.
Er lebt von dem, wovon andere sterben,
und die wirre Rede ist seine Nahrung.

Sein Wesen ist den Räten wohlbekannt,
ein Toter ist er bei lebendigem Leibe jeden Tag.

Ptahhotep

Öffne deine Ohren und höre diese Worte,
gib dein Herz, sie zu verstehen.
Nützlich ist es, sie in dein Herz zu legen,
und wehe dem, der sie außer acht läßt!
Mögen sie in deinem Innersten ruhen,
mögen sie verriegelt sein in deinem Herzen.
Lebst du mit diesen Worten in deinem Herzen,
dann wird dir Erfolg beschieden sein.

Amenemope

Das Wort

Nicht ich bin der, der sprechen kann,
nicht ich bin der, der in Worte fassen kann,
Gott ist es, der sprechen kann,
und wahrlich ist Er es, der die Worte gibt.

Papyrus Brooklyn

Die Zunge des Pharao steuert die Barke der Maat.
Er bildet das rechte Wort.

Pyramidentext, Spruch 627

Dies ist das Wort, das in der Finsternis war.
Jeder Erleuchtete wird leben unter den Lebenden.

Sarkophagtext, Spruch 1087

Setze dich unter das Laubdach der Sykomoren der
Göttin Hathor, wenn sie sich mit dem Buch der
Weisheit in die Stadt des großen Pfeilers begibt.

Sarkophagtext, Spruch 225

Sei ein Künstler im Reden, auf daß du stark seiest.
Die Macht eines Menschen ist seine Zunge, und Worte
sind wirksamer als jedwede Art zu kämpfen.

Merikare

Rede nur, wenn du weißt,
daß du etwas zu lösen vermagst.
Ein Künstler muß der sein, der im Rate spricht,
denn Reden ist schwieriger als jede andere Arbeit.

Ptahhotep

Gott verabscheut den, der Gesagtes verfälscht.

Amenemope

Hüte dich vor der Sünde unwahrer Rede: Sie verwehrt
dir, das Böse in dir zu bekämpfen.

Ani

Der Leib eines Menschen ist geräumiger als der
Speicher des Pharao. Gefüllt ist er mit vielerlei
Antworten: Wähle aus, was zu sagen gut ist, und
die schlechte Rede, sie bleibe eingeschlossen in
deinem Leibe.

Ani

Übt nicht Verrat am rechten Augenblick durch
voreiliges Reden.

Tempel in Edfu

Erhebe deine Stimme nicht im Tempel des Gottes,
denn er verabscheut Geschrei.
Bete mit liebendem Herzen,
dessen Worte verborgen bleiben.
Dann versieht er dich mit allem, was du brauchst,
er erhört deine Worte und nimmt dein Opfer an.

Ani

Frage Gott nicht um Rat,
wenn du hernach seinen Spruch nicht beachtest.

Anch-Scheschonk

Die Zunge der Menschen ist ihre Waage.
Sie erlaubt es, das Gewicht einer Sache zu bestimmen.

Der redekundige Oasenmann

Die Zunge kann einen Menschen
ins Verderben stürzen.

Ani

Die böse Zunge eines Törichten ist das Schwert, mit dem er sein Leben zerschneidet.

Papyrus Insinger

Überliefern und bezeugen

Einer trete ein für den anderen,
er wirke für den, der vor ihm gelebt hat,
in der Hoffnung, daß einer, der nach ihm kommt,
erhalten werde, was er geschaffen hat.

Merikare

Ich preise Amun,
mein Lobgesang steigt empor in den Himmel
und breitet sich aus auf Erden.
An seine Macht gemahne ich den,
der den Fluß hinabfährt,
wie den, der ihn hinauffährt.
Achtet seiner Gegenwart,
bezeugt sie dem Sohn und der Tochter,
den Großen wie den Geringen,
sprecht von ihm zu den Generationen eurer Zeit
sowie zu denen, die erst kommen werden,
sprecht von ihm zu den Fischen im Fluß
und zu den Vögeln am Himmel,
zu dem, der ihn nicht kennt,
und zu dem, der ihn kennt.

Stele, Berlin

Die Lehre

Erteile keine Lehre dem, der dir nicht zuhören will.

Anch-Scheschonk

Sprecht zu euren Kindern,
denn das Wort ist eine Lehre seit der Zeit der Götter.

Die loyalistische Lehre

Den krummen Ast, auf dem Felde weggeworfen,
wo er Sonne und Schatten preisgegeben, den kann
sich der Schreiner noch holen, ihn geradebiegen und
den Würdenstab eines Großen aus ihm machen.

Ani

7
Das Verhalten und die Taten des Weisen

Lehre deinen Sohn die Worte, die uns überliefert,
auf daß er handle als Vorbild für die Kinder der Großen,
erfüllt vom Gehorsam und der rechtschaffenen
Gesinnung dessen, der zu ihm spricht, denn niemand
ist weise von Geburt an.

Ptahhotep

Ich sah die mannigfachen Formen des Göttlichen
auf seinen verborgenen Wegen im Himmel.
Das göttliche Licht erleuchtete mich.
Durchdrungen ward ich von all seinen Strahlen
und gesättigt mit der Weisheit Gottes.

Inschrift Thutmosis' III. in Karnak

Der Weise ist ein Lehrmeister für die Großen.

Merikare

Jeder kann seine Natur bezwingen, wenn die Weisheit,
die er gelehrt wurde, ihn gefestigt hat.

Ani

Ich schweige vor dem Heißmäuligen
und bin duldsam gegenüber dem Törichten,
so daß ich den Streit beschwichtige.
Ich bin ein Mann von ruhigem Wesen, ohne Unrast,
der weiß, was da kommen soll,

und heiteren Sinnes dessen harrt.
Ich bin der, der seine Zunge gebraucht,
wenn Zwietracht droht,
und der, auf daß er sie vermeide, die Worte kennt,
die Zorn erwecken.
Ich weiß mich selbst zu bezwingen,
ich bin freundlich und edelmütig,
ich besänftige den Weinenden mit Worten des Trostes.
Lichtvoll sind meine Züge für den, der mich anfleht,
und ich tue Nützliches für meinesgleichen.
Ich erkenne die Falschheit,
sobald sie ausgesprochen wird.
Mein Gesicht ist strahlend, meine Hand freigebig,
ich behalte die Nahrung, die ich besitze, nicht für mich.
Ich bin der, der für den Unwissenden weiß
und ihn lehrt, was für ihn nützlich ist.
Ich bin einer, der zuhört und der Maat gehorcht
und ihrer gedenkt in seinem Herzen.
Ich bin einer, der seinen Pflichten nachkommt,
der Ruhe bewahrt, frei von Unrast.
Ich bin einer, der handelt, ohne sich zu übereilen,
ich bin genau wie die Waage,
genau und gerecht wie Thot.
Mein Schritt ist fest,
mein Rat vortrefflich,
ich bin ein Wissender, der sich selbst unterweist
in dem, was er wissen muß.

Stele des Intef, Britisches Museum

Wer das Wissen des Weisen kennt, greift ihn nicht an,
und kein Unheil widerfährt ihm.

Merikare

Heiße keinen Weisen Unwichtiges tun,
wenn Wichtiges harrt.
Heiße keinen Toren Wichtiges tun,
wenn ein Weiser da ist.

Anch-Scheschonk

Belohnung und Züchtigung setzt der Weise gerecht ein.

Papyrus Insinger

Wird ein Weiser auf die Probe gestellt, erkennen nur
wenige die Vollkommenheit seines Geistes.

Papyrus Insinger

Wer von der Menge ausgewählt wird, der ist darum noch
kein Weiser.

Papyrus Insinger

Ich habe vier gute Taten vollbracht
an der Pforte zum Reich des Lichts.
Ich schuf die vier Winde, auf daß jeder atmen könne:
das ist eine der Taten.
Ich schuf die große Überschwemmung, auf daß der
Arme wie der Reiche daraus seinen Nutzen ziehe:
das ist eine der Taten.
Ich schuf jeden Menschen wie seinesgleichen
und untersagte ihnen, Böses zu tun,
doch ihre Herzen hörten nicht auf mich:
das ist eine der Taten.
Ich schuf ihre Herzen auf eine Weise,
daß sie des Schönen Westens nicht vergessen
und Opfergaben darbringen:
das ist eine der Taten.

Sarkophagtext, Spruch 1130

Tue etwas für Gott,
dann wird er dir Gleiches tun.

Merikare

Glücklich ist, wer nach den Worten Gottes handelt,
denn seine Pläne werden gelingen.

Tempel in Redesie

Der Gott des Wissens vergilt jede Tat nach ihrem Wert.

Petosiris

Eine gerechte Tat hat ihren Ursprung im Gestern,
denn uns ist befohlen: Handle für den, der handelt,
daß er nicht untätig werde.

Der redekundige Oasenmann

Der Lohn dessen, der handelt,
besteht darin, für ihn zu handeln.
So gebietet es das Herz Gottes.

Inschrift des Neferhotep

Man wird geachtet nach seinen Taten.
Ein gutes Wort ist ein Denkmal.

Petosiris

Ein Beamter muß groß sein in seinem Amt,
wie ein Brunnen reich an Wasser,
damit man aus ihm schöpft.

Amenemope

Schleudere keine Lanze, wenn du ihr Ziel nicht siehst.

Anch-Scheschonk

Tauche dein Schreibrohr nicht in die Tinte,
um einem Menschen zu schaden.
Der Finger des Schreibers gleicht dem Schnabel des Ibis,
hüte dich, ihn zu verkrümmen.

Amenemope

Lasse den Unwissenden und den Törichten keine Arbeit
verrichten, deren sie nicht fähig sind.

Anch-Scheschonk

Antworte deinem Vorgesetzten nicht, wenn er zürnt.
Weiche ihm aus, und sprich sanfte Worte,
wenn er bittere sagt.
Dies ist ein Mittel, das sein Herz besänftigt.

Ani

Dränge dich nicht vor, wenn dein Vorgesetzter eintritt,
auf daß dein Name nicht ausgelöscht werde.
Entgegne nichts, wenn du beleidigt wirst,
und schweige, bis sich deine Lage verbessert hat.

Ani

Welch herrlicher Tag!
Der Himmel wirkt für unsere Herzen.
Was wir lieben, ist unser Werk.

Grab des Paheri

Ein untätiger Mensch vollbringt nichts.
Nur wer Pläne schmiedet, ist es wert,
beachtet zu werden.

Ani

Wer nicht pflügt zur Zeit des Pflügens,
der wird sein Feld nicht bestellen.

Ani

Sage nicht: «Ich habe den Acker gepflügt,
aber er hat mir die Mühe nicht gelohnt.»
Pflüge noch einmal, es ist gut zu pflügen.

Anch-Scheschonk

8
Weisheit und Macht

Es sind die Diener, die Nahrung schaffen.
Entbehrt ein Haus ihrer,
wankt es in seinen Grundfesten.

Die loyalistische Lehre

Ich bin wahrlich ein Würdenträger mit großem Herzen,
eine süße und liebenswerte Pflanze.
Ich bin weder nachlässig noch faul.
Mein Herz beförderte die Einsetzung in mein Amt,
meine Lebensweise bewahrte mir hohes Ansehen.
Ich bin ein wertvolles Holz, erschaffen von Gott.

Stele des Rediuchnum

Der Pharao

Das Königtum ist ein vortreffliches Amt.

Merikare

Der Herrscher über die Beiden Länder ist ein Wissender.
Als Herr des Hofes kann der Pharao nicht töricht sein.
Er war schon weise, als er aus dem Mutterleib kam,
denn Gott hat ihn ausgewählt aus Millionen.

Merikare

Die Gefährten des Pharao sind die Götter.

Merikare

Pharao ist der Einzigartige, der alles bewirkt
und der nicht seinesgleichen hat.
Seine Pläne folgen der Spur des Ibis,
seine Gedanken gleichen denen des Herrn der Weisheit.
Seine Freude ist die Gerechtigkeit,
der Ursprung des Seins,
und er ist frohen Herzens wie Ptah.

Statuengruppe des Haremhab, Turin

Die Zunge des Pharao lenkt die Barke der Maat auf den
rechten Weg.

Pyramidentext, Spruch 539

Dank Pharao, der den Unwissenden zur Weisheit führt,
können die Kleinen die Großen übertreffen,
und die Letzten werden die Ersten sein.

Die Lehre eines Mannes für seinen Sohn

Pharao ist die Lebenskraft.
Sein Wort verheißt Wohlergehen.
Er schafft, was da ist.
Wer sein Leben achtet, der begeht keine böse Tat,
wen Pharao liebt, den ehren die Menschen.

Amenemhet I.

Re hat Pharao eingesetzt unter den Lebenden auf Erden,
für immer und bis in Ewigkeit,
auf daß er Recht spreche über die Menschen
und die Götter zufriedenstelle,
auf daß er Gerechtigkeit walten lasse
und das Unrecht vertreibe.

Opfer bringt er den Göttern dar,
und Wohltaten erweist er den Verklärten.

Hymne an Re

Pharao mehrt die Güter und verteilt sie.
Er ist der Herr der Freude.
Wer sich auflehnt gegen ihn, der zerstört den Himmel.

Merikare

Seid Seiner Majestät nahe in euren Herzen.
Er ist die schöpferische Eingebung,
die in den Herzen wohnt.
Seine Augen durchdringen jeden Menschen.
Er ist das göttliche Licht,
durch dessen Strahlen man sieht.

Die loyalistische Lehre

Pharao ist der Quell des Lebens,
sein Wort ist Nahrung.

Die loyalistische Lehre

Pharao ist der Kanal, der die Wasser aufnimmt,
das kühle Gemach, in dem der Mensch Ruhe findet,
die Schutzwehr der Mauern aus himmlischem Metall,
die beständige Zuflucht,
der sichere Hafen
für den von Feinden bedrohten Menschen,
das Obdach in den Zeiten der Überschwemmung,
das kühle Wasser, wenn Hitze herrscht,
der warme und trockene Hort während des Winters,
der Berg, der den Wind abhält

und den Sturm eindämmt,
die Macht, die dem Feind Einhalt gebietet.

Hymne an Sesostris III., Papyrus Kahun

Pharao einte die Himmel.
Pharao erbaute die Gottesstadt nach ihrem Bedarf.
Pharao verkörpert die Dreiheit bei ihrem Erscheinen.

Pyramidentext, Spruch 319

Pharao erweist den Göttern Wohltaten, wenn er
ihnen Tempel errichtet und ihre Bildnisse formt.

Stele des Amada

O ihr Lebenden, die ihr auf Erden weilt,
huldigt Pharao, auf daß ihr lebet.
Verrichtet wachsam seine Arbeiten,
seid Hüter dessen, was er befiehlt.
Das nützt dem, der es tut,
denn ihm wird Ehrfurcht zuteil und die Liebe Gottes.
Vollkommenheit begleitet ihn zeit seines Lebens.

Grab des Meteti

Herr des Palastes,
deine Augen sind die Augen der Götter,
Licht gibst du dem ganzen Lande,
und die Finsternis vertreibst du für die Menschen.

Papyrus Brooklyn

Die Kunst des Herrschens

Den Menschen erschuf Gott mächtige Herrscher,
den Rücken der Schwachen zu stärken.

Merikare

Groß ist, wem Große gehorchen,
mächtig der Pharao,
der über sachkundige Diener gebietet,
und geachtet, wer um sich schart Edle in großer Zahl.

Merikare

Gewähre deinen Räten, was ihnen gebührt,
auf daß sie handeln nach deinen Gesetzen.
Wer Wohlstand kennt in seinem Hause,
ist nicht parteiisch,
denn er besitzt Güter und ihm mangelt es an nichts.
Der Verarmte aber spricht nicht nach der Maat,
und wer «Ach, wäre ich doch reich!» sagt,
ist nicht gerecht.
Er neigt sich dem zu, der ihm gibt, was er begehrt.

Merikare

Bist du ein hoher Beamter und erteilst Befehle,
dann strebe stets danach, trefflich zu handeln,
bis kein Fehl mehr ist in deinem Gebaren.

Ptahhotep

Bist du ein Mann in führender Stellung,
dann fasse deine Entschlüsse ungehinderten Sinnes
gemäß deinen Befehlen,
denn erhabene Taten mußt du vollbringen.

Ptahhotep

Lasse weder einen Gottlosen noch einen Mittel-
mäßigen Befehle erteilen.

Papyrus Insinger

Gott verläßt seine Stadt, wenn ein schlechter Herr
sie regiert.

Papyrus Insinger

Wenn Re einem Lande zürnt, dann läßt er in ihm das
Recht und die Gerechtigkeit aufhören, seine Werte
verfallen, und er setzt die Törichten an die Stelle der
Weisen.

Anch-Scheschonk

Verlasse dich nicht auf einen Bruder,
setze nicht auf einen Freund,
schaffe dir keine Vertrauten,
das frommt dir nicht,
denn am Tage des Unglücks
hat kein Mann Gefolgsleute.

Amenemhet I.

Mächtig ist, wer über den Verstand gebietet.

Pyramidentext, Spruch 255

Kein Großer brüste sich, ein mächtiger Herr zu sein,
denn niemandem wird Macht zuteil
ohne die Gegenwart des verborgenen Gottes.
Nur er verleiht dem Schwachen Stärke.

Stele des Pianchi

Deute nicht zu deinem Vorteil die Macht Gottes,
als gäbe es weder Verhängnis noch Schicksal.

Amenemope

Wenn du mächtig bist, dann handle in einer Weise,
die dir durch Wissen und angenehme Rede Achtung
verschafft.
Befehle erteile nur, wenn die Umstände es erfordern.

Ptahhotep

Herrsche nicht mit Gewalt, auf daß man keine Gewalt
gegen dich anwende.

Papyrus Louvre

Rühme dich nicht deiner Kraft.
Du weißt nicht, was kommt und welche Strafe Gott dir
auferlegt.

Kagemni

Das Krokodil stößt keinen Laut aus.
Dennoch fürchtet man es seit langem.

Amenemope

9
Weisheit und menschliche Beziehungen

Die Menschen

Gott schuf die Menschen mit den Tränen seines Auges.

Ostrakon, Kairo

Gott errichtete ein Heiligtum
zum Wohle der Menschen.
Wenn sie weinen, hört er sie.

Merikare

Wohlversorgt sind die Menschen, das Vieh Gottes.
Himmel und Erde schuf er nach ihren Herzen,
er stillte ihren Durst nach Wasser,
er machte die Luft, durch die ihre Nasen leben.
Sein Ebenbild sind sie,
hervorgegangen aus seinem Leibe.
Um ihretwillen erstrahlt er am Himmel,
für sie schuf er Pflanzen und Vieh, Vögel und Fische,
sie zu ernähren.
Seine Feinde tötete er, und er strafte seine Kinder,
denn sie sannen darauf, sich gegen ihn zu empören.

Merikare

Begib dich nicht in eine Menschenmenge,
die sich zum Kampfe zusammenrottet.
Halte dich fern von Aufrührern.

Ani

Ach, hörte es doch auf mit den Menschen, auf daß
wiederkehre das Schweigen auf Erden und es keinen
Streit mehr gebe.

Ipuwer

Eifere der Lehre deiner Väter und Vorväter nach.
Ihre Worte dauern fort in ihren Schriften.
Öffne sie, lies sie und ahme ihr Wissen nach,
denn nur wer zu lernen versteht, kann weise werden.

Merikare

Die Mutter

Worte, von der Mutter gesprochen, der Beherrscherin
des Himmels, der Herrin über alle Götter:
Sie verleihen Leben, Beständigkeit und Wohlergehen.

Inschrift im Tempel der Nefertari in Abu Simbel

Deine Mutter ist der Himmel.
Sie breitet sich aus in dir.
Du trittst ein in ihren Mund,
du gehst hervor aus ihren Schenkeln wie die Sonne,
Tag für Tag.

Sarkophag des Anches-nefer-ib-re

Gib deiner Mutter mehr Brot, als sie dir gegeben.
Trage sie, wie sie dich getragen.
Viel hat sie für dich getan, du warst ihr eine Last,
doch nie sagte sie: «Fort mit dir!»
Drei Jahre lang war ihre Brust in deinem Munde,
und ihr Herz ekelte sich nicht vor deinem Kot.

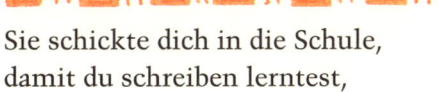

Sie schickte dich in die Schule,
damit du schreiben lerntest,
und jeden Tag wachte sie über dich.

Ani

Eltern und Verwandte

Bringe Trankopfer dar deinem Vater und deiner Mutter,
die ruhen im Tal des Todes.
Dann bezeugen die Götter deine rechte Tat.

Ani

Im Jenseits den Hausstand des Gerechten versammeln,
Vater, Mutter, Freunde, Gefährten, Kinder,
Gemahlinnen und seine gesamte Habe:
dies hat sich als wirksam erwiesen millionenmal.

Sarkophagtext, Spruch 146

Die Frau

Eine Frau mit fröhlichem Herzen schafft Gleichmut.

Ptahhotep

Lebt eine Frau mit ihrem Mann in Frieden,
geht es beiden nie schlecht.

Anch-Scheschonk

Die Frau, die ihr Haus gut verwaltet,
ist ein unersetzlicher Reichtum.

Papyrus Insinger

Beaufsichtige deine Frau nicht in ihrem Hause, wenn du
weißt, daß sie tüchtig ist.
Sage nicht: «Wo ist das? Hol es her!»,
wenn sie etwas an seinen richtigen Platz gelegt hat.
Sieh ihr zu mit Wohlgefallen und Schweigen,
dann lernst du ihre Stärke kennen.
Eine Freude ist es, wenn deine Hand ihre umfängt.

Ani

Liebe deine Frau, wie es dir geziemt,
fülle ihren Leib und bekleide ihren Rücken;
das Salböl ist ein Heilmittel für ihre Glieder.
Erfreue ihr Herz, solange du lebst,
dann ist sie ein fruchtbarer Acker für ihren Herrn.

Ptahhotep

Duftet ein Mann nach Myrrhe,
gebärdet sich seine Frau vor ihm wie eine Katze.
Aber leidet ein Mann,
dann ist seine Frau vor ihm eine Löwin.

Anch-Scheschonk

Willst du dir die Freundschaft bewahren
in einem Hause, zu dem du Zutritt hast
als Herr, Bruder oder Freund,
oder an jedwedem Ort, zu dem du Zugang hast,
hüte dich davor, den Frauen zu nahe zu kommen.
Wo dies geschieht, ist nicht gut sein.
Nie ist der Blick dessen, der ein Haus betritt,
hinlänglich geschärft, sie zu ergründen.
Zu Tausenden ließen sich Männer abkehren von dem,
was ihnen frommt,

und gerieten in die Fallstricke der Verführung.
Nur kurz währt der Augenblick der Lust,
einem Traume gleich,
und dem Tode verfällt,
wer den Frauen nicht widersteht.
Wer immerzu seinen Begierden erliegt,
dem schlägt alles fehl.

Ptahhotep

Hüte dich vor einer Frau aus der Fremde,
die in ihrer Stadt nicht angesehen ist.
Zwinkere ihr nicht zu, wenn sie vorübergeht,
und trachte nicht danach, sie zu erkennen.
Ein tiefes Wasser, nicht einzudämmen,
ist eine Frau, deren Mann fern von ihr weilt.
«Ich bin hübsch», sagt sie täglich zu dir,
wenn sie keine Zeugen hat.
Und du gerätst in Gefahr,
dich in ihren Netzen zu verfangen.

Ani

Isis, Schöpferin des Weltalls,
Beherrscherin des Himmels und der Sterne,
Herrin des Lebens,
Königin der Götter,
Zauberin mit vortrefflichen Ratschlägen,
strahlende Sonne,
die alles bekräftigt mit ihrem Siegel!
Die Menschen leben auf dein Geheiß,
nichts geschieht ohne deine Billigung.

Tempel in Philae

Süß an Liebe
schön von Angesicht,
Herrin des Liebreizes,
die den Gott erfreut durch ihre Schönheit,
deren Stimme verzaubert, wenn sie singt,
die den Palast erfüllt mit ihrem Wohlgeruch,
die Größte des Frauenhauses,
die Herrin der Beiden Länder und der Erde,
so weit sie reicht.

Titel der Königinnen Ägyptens

Ich vollbrachte dies Werk mit liebendem Herzen
für meinen Vater Amun.
Eingeweiht in das Geheimnis seines Ursprungs,
unterwiesen durch seine wohlwollende Macht,
vergaß ich nicht, was er befohlen hatte.
Meine Majestät kennt sein göttliches Wesen.
Ich handelte nach seinem Befehl,
denn er führte mich.
Ich ersann dies Werk nicht ohne seine Hilfe,
denn er leitete mich.
Ich ermattete nicht in meinem Bemühen,
denn Sorge trug ich für seinen Tempel.
Ich mißachtete nicht, was er befohlen hatte.
Mein Herz war entbrannt für meinen Vater,
und enthüllt waren mir die Wünsche seines Herzens.
Ich wandte mich nicht ab von der Stätte des Allherrn,
und ich erhob mein Antlitz zu ihm.

Obelisk der Königin Hatschepsut in Karnak

Was Königin Nefertari begehrt, das wird getan,
alles geschieht nach ihrem Wunsche,
ihre Worte erwecken Freude auf jedwedem Antlitz,
und Leben verheißt es, ihre Stimme zu hören.

Tempel in Luxor

Seine Gemahlin, seine Geliebte,
Herrin der Tugend, süß in der Liebe.
Gewandt in ihrem Wort, angenehm in ihrer Rede,
weiß sie nützlichen Rat zu erteilen in ihren Schriften.
Was über ihre Lippen kommt, gleicht der Maat.
Eine Frau ohne Fehl und Tadel,
die hohes Ansehen genießt in ihrer Stadt,
die jedem ihre Hand reicht,
die sagt, was gut ist und jeden erfreut.
Wer ihr zuhört, vernimmt kein böses Wort.
Eine Frau, die von allen geliebt wird,
mit Namen Renpet-Neferet, «das glückliche Jahr».

Inschrift im Grab des Petosiris
zu Ehren seiner Gemahlin

Einzig ist die Geliebte,
die nicht ihresgleichen hat,
die Schönste von allen,
wie der leuchtende Stern am Neujahrsmorgen
an der Schwelle zu einem guten Jahr.
Die, deren Tugend erstrahlt,
deren Haut schimmert,
mit Augen, die klar blicken,
mit Lippen, die süß reden,
mit schlankem Hals.
Lapislazuli hat sie zum Haar,
ihre Finger gleichen Lotoskelchen.

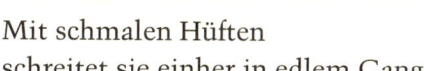

Mit schmalen Hüften
schreitet sie einher in edlem Gang.

Liebeslied

Die Kinder

Nimm dir eine Frau, solange du ein junger Mann bist,
auf daß sie Kinder bekomme, solange du noch jung bist.

Ani

Wie schön ist es, wenn ein Sohn auf seinen Vater hört,
und wie glücklich ist der, zu dem gesagt wird:
«Der Sohn ist wohlgeraten, denn er versteht zu hören.»

Ptahhotep

Schaffe dir einen Sohn an, der Gott erfreut.
Wenn er aufrichtig ist,
wenn er in deine Art schlägt
und für deine Habe sorgt, wie es sich gehört,
dann erweise ihm jede Wohltat.
Er ist doch dein Sohn,
hervorgegangen aus dem Samen deines Ka.
Wende dein Herz nicht ab von ihm.
Unfrieden kann ein Mann aber stiften,
wenn sein Sohn in die Irre geht,
wenn er die Weisungen seines Vaters übertritt,
wenn er sich allem widersetzt, was gesagt wird,
wenn sein Mund überfließt von schlechten Reden.
Dann verstoße ihn.
Dann ist er nicht mehr dein Sohn.

Ptahhotep

Gut ergeht es einem, der viele Kinder hat.

Ani

Erhebe dein Herz nicht gegen den, der ohne Kinder ist,
tadle ihn nicht dafür,
und prahle nicht mit den Kindern, die dir gegeben.
Manch einen Vater bedrücken Sorgen
gleich mancher Mutter, die Kinder geboren,
indes eine Kinderlose glücklicher sein kann als sie.

Ptahhotep

Die Freundschaft

Halte dich fern von einem Aufrührer,
und nimm ihn dir nicht zum Gefährten.
Befreunde dich mit einem wahrhaft Gerechten,
nachdem du gesehen hast, was er früher getan.

Ani

Das Herz eines Bruders lernt nur der kennen,
der ihn in einer schweren Stunde um Hilfe gebeten hat.

Papyrus Insinger

Das Haus

Errichte dir ein Haus und vertraue nicht darauf, daß dir
das Haus deines Vaters und deiner Mutter zustehe.

Ani

Wohne nicht in einem Haus, das von Gott verflucht ist,
auf daß sich sein Bannspruch nicht gegen dich wende.

Anch-Scheschonk

10
Die Eigenschaften
des Weisen

Liebe

Wenn Pharao liebt, erschafft er Neues.
Wenn Pharao verabscheut, erschafft er nichts.

Pyramidentext, Spruch 274

Wenn du dich beliebt machst,
baust du dir ein bleibendes Denkmal.

Merikare

Lasse allen deine Liebe zuteil werden,
denn eine edle Gesinnung bleibt in Erinnerung,
auch wenn viele Jahre vergehen.

Merikare

Redlichkeit

Ein redlicher Charakter ist der Himmel eines
Menschen.

Merikare

Pflüge deinen Acker,
dann wird dir zuteil, wessen du bedarfst.
Besser ist ein einziger Scheffel Getreide,
den Gott dir gibt,
als fünftausend unredlich erworbene.

Amenemope

Verstelle nicht die Waage,
verfälsche nicht ihre Gewichte,
Verringere nicht die Abstände zwischen den
Meßstrichen deines Scheffels.

Amenemope

Was nützt es, reich gewandet einherzugehen,
wenn du als Betrüger hintrittst vor Gott?
In Blei verwandelt sich die unter Goldfarbe verborgene
Fayence, wenn dein Tag naht.

Amenemope

Die Parteilichkeit ist dem Gott ein Abscheu.
Verfahre mit dem, der dir nahesteht, in gleicher Weise
wie mit dem, den du nicht kennst.

Grab des Rechmire

Bescheidenheit und Selbstkritik

Rühme dich nicht dessen, was du weißt.
Hole den Rat des Unwissenden ebenso ein
wie den des Weisen,
denn der Kunst sind keine Grenzen gesetzt,
und kein Künstler erreicht Vollkommenheit.

Ptahhotep

Verachte nicht eine kleine Sache aus Angst,
dabei zu Schaden zu kommen.

Papyrus Insinger

Ein kleiner Kummer zermürbt die Kraft,
eine kleine gute Nachricht belebt das Herz,
ein wenig Tau läßt die Saat sprießen,
und auch eine kleine Biene macht Honig.

Papyrus Insinger

Sei kritisch gegen dich selbst, auf daß kein anderer sein
Mißfallen an dir bekunde.

Djedefhor

Verschwiegenheit

Betritt nicht das Haus eines anderen,
ehe er dich dazu auffordert und willkommen heißt.
Spähe nicht neugierig umher,
blicke dich nur schweigend um,
und sprich mit niemandem darüber,
der nicht zugegen war.
Ein schweres Vergehen wäre dein Geschwätz,
wenn es jemand hörte.

Ani

Ergehe dich nicht in langen Reden vor anderen,
und verkehre nicht mit einem, der sein Herz auf der
Zunge trägt.

Amenemope

Gehorsam und Ehrerbietung

Der Rücken bricht nicht, wenn er sich beugt.

Amenemope

Gebiete Furcht vor dir,
auf daß man dir Achtung erweise,
denn ein guter Richter ist nur der, den man fürchtet.
Die wahre Aufgabe des Richters ist aber,
Gerechtigkeit zu üben.
Fürchtet man dich zu sehr,
dann ist etwas Unrechtes in dir.

Grab des Rechmire

Zeige Ehrfurcht vor dem Leben eines Menschen,
dessen Blick offen ist.

Merikare

Schmähe niemanden, der älter ist als du,
denn er hat vor dir das göttliche Licht geschaut.

Amenemope

Spotte nicht eines Blinden,
quäle nicht einen Zwerg,
erschwere nicht das Los eines Hinkenden,
peinige nicht einen Mann, der in der Hand Gottes ist,
sei nicht ungehalten gegen ihn, wenn er Fehler macht.

Amenemope

Großzügigkeit

Der Reichtum des Freigebigen ist größer
als der Reichtum des Habgierigen.

Papyrus Insinger

Sei ein Vater für deine Untergebenen,
unterweise die Jungen,
reiche deine Hand den Unglücklichen,
gewähre Unterhalt denen, die in Not sind,
beschütze die Waise und die Witwe,
leihe dein Ohr denen, die die Wahrheit sagen,
und halte die Ungerechten fern.

Bakenchonsu

Ich baute mein Haus aufs beste,
so daß seine Türen weit offen standen.
Geschenke machte ich dem, der sie begehrte.
Ich war großzügig gegenüber dem, der mir nahestand,
sowie gegenüber dem, den ich nicht kannte,
denn ich wollte, daß mein Name im Munde derer sei,
die auf Erden leben.

Stele, Kairo

Wer anderen gerne zu essen gibt,
der findet Speise in jedem Haus.

Papyrus Insinger

Iß kein Brot, ohne auch dem welches zu reichen,
der neben dir steht und darbt,
denn Brot wird es immer geben,
der Mensch aber lebt nur kurze Zeit.

Ani

Triffst du auf einen Armen,
den hohe Schulden drücken,
dann mache aus ihnen drei Teile.
Erlasse ihm zwei davon und lasse nur einen stehen.
So wirst du einen Weg des Lebens finden.

Amenemope

Gemeinsinn

Sanfte Rede macht keinen Mann arm,
und keiner wird reich von bitteren Worten.

Amenemope

Versäume nicht, dem zu dienen,
der dir einen Dienst erweist.

Anch-Scheschonk

Der Arm nimmt keinen Schaden,
wenn man ihn entblößt.

Amenemope

Sitze nicht, solange einer steht, der älter ist oder
ein höheres Amt bekleidet als du.

Ani

Glück und Unglück

Das Glück stellt sich bei dem ein,
der den Gesetzen der Maat gehorcht.

Petosiris

Das Glück kommt zu dir,
wenn du dich dem Willen Gottes beugst.

Ani

Siehe, Pharao ist der Herr der Freude.

Merikare

Kein Übel ist mehr in mir.
Darum habe ich Besitz ergriffen von Himmel und Erde.
Freude ist mir gegeben,
und ich lebe in Zufriedenheit.

Sarkophagtext, Spruch 468

Ich bin emporgestiegen zum Himmel,
ich habe mein Verlangen gestillt,
ich habe Stärke erlangt,
und mir ist Freude zuteil geworden.

Sarkophagtext, Spruch 468

Wie glücklich sind jene, die sehen.
Wie glücklich sind jene, die hören.

Pyramidentext, Spruch 670 und Spruch 667

Wie schön ist es, wenn die Schiffe stromauf segeln
und es keinen Dieb mehr gibt!
Wie schön ist es, wenn die Gräber wohlversorgt sind,
wenn die Leiber der Ahnen unversehrt bleiben,
wenn die Wege wieder frei werden,
auf ihnen zu wandeln.
Wie schön ist es, wenn die Hände der Menschen
Pyramiden bauen,
wenn sie Wasserbecken graben und
Sykomoren pflanzen für die Götter.
Wie schön ist es, wenn die Menschen ihren Durst
stillen und wenn ihre Herzen froh sind.
Wie schön ist es, wenn ihr Mund voll Jauchzen ist und
wenn eine Matte im Schatten jedes Mannes Wunsch
erfüllt.

Ipuwer

Jeder neue Morgen beschert mir größere Freude, von
meinen frühen Kindertagen bis in das hohe Alter, das
ich erreicht habe, im Tempel des verborgenen Gottes.
Ich schaue ihn an jedem Ort, an dem meinen Augen
noch die Kraft gegeben, sein heiliges Antlitz zu
erblicken.

Bakenchonsu

Feiere einen glücklichen Tag,
winde Kränze von Lotos und Blumen,
indes deine Gemahlin neben dir sitzt,
die Geliebte deines Herzens.
Vergiß alles Übel und gedenke der Freude,
bis der Tag kommt, da du landen wirst
in den Gefilden des Schweigens.

Harfnerlied

Ein Unglück ist es, wenn der Sohn zum Feind,
der Bruder zum Widersacher wird, wenn ein Mann
seinen Vater tötet und aus jedem Munde dringt:
«Liebe mich.»

Papyrus Eremitage

Reichtum

Gott gibt den Reichtum, der Weise bewahrt ihn,
und er weiß ihn ohne Habgier zu erwerben.

Papyrus Insinger

Vertraue nicht auf die Schätze, die du erworben,
denn sie sind dir zuteil geworden als Gabe Gottes.

Ptahhotep

Erschöpfe deine Kraft nicht darin,
nach Reichtum zu streben.
Was du besitzt, möge dir genügen.

Amenemope

Blicke auf die Schale, die vor dir steht,
sie möge deinem Bedarf genügen.

Amenemope

Trachte danach, zufrieden zu leben
mit dem, was du hast.
Was die Götter geben, das kommt von selbst.

Ptahhotep

Der Reichtum einer Stadt ist ein Herr,
der Gerechtigkeit übt.
Der Reichtum eines Tempels ist ein guter Priester.
Der Reichtum eines Feldes ist die Zeit,
in der man es pflügt.
Der Reichtum eines Vorratshauses ist es,
gefüllt zu werden.
Der Reichtum eines Hauses ist eine kluge Herrin.
Der Reichtum eines Weisen ist seine Rede.
Der Reichtum eines Handwerkers ist sein Werkzeug.

Anch-Scheschonk

Besser ist Armut in der Hand Gottes
als unredlich erworbener Reichtum im Vorratshaus.
Besser ist es, frohen Herzens nur Brot zu essen,
als in Kummer Schätze zu horten.

Amenemope

Mache keinen Unterschied zwischen einem Reichen
und einem Armen, sondern beurteile einen Mann nach
seinen Taten.

Merikare

Wer im vergangenen Jahr reich gewesen,
der kann in diesem Jahr verarmt sein.

Ani

Gott liebt den mehr, der den Geringen achtet,
als den, der den Reichen verehrt.

Amenemope

Erwächst dir Reichtum, dann gib einen Teil davon Gott.
Das ist deine Gabe für die Armen.

Papyrus Insinger

Baue dir kein Schiff, nur um daraus Nutzen zu ziehen.
Fordere den Fährlohn von einem Reichen,
aber setze den Armen ohne Entgelt über.

Amenemope

Der Reichtum des Unredlichen hat keinen Bestand,
seine Kinder werden davon nichts erben.

Die loyalistische Lehre

Nur der Steuermann, der in die Ferne blickt,
läßt sein Schiff nicht stranden.

Amenemope

II
Fehler, die es zu
vermeiden gilt

Habsucht

Willst du, daß dein Lebenswandel redlich sei,
dann mache dich frei von allem Übel.
Wehre der Habgier in deinem Herzen.
Sie ist ein schlimmes, unheilbares Leiden.
Zwietracht sät sie zwischen Vätern und Müttern
und zwischen den Brüdern der Mutter.
Die Gemahlin trennt sie von ihrem Gemahl.
Die Habgier ist ein Bündel von allerlei Übel,
ein Sack voll von allem, was hassenswert ist.

Ptahhotep

Der Habgierige kommt zu Fall,
und kein Erfolg ist ihm beschieden.
Es gibt kein Gestern für den Trägen,
keinen Freund für den, der taub ist für die Wahrheit,
und keinen frohen Tag für den Raffsüchtigen.

Der redekundige Oasenmann

Besitz, zu dem sich Geiz gesellt, ist ein Übel,
das kein Ende nimmt.

Papyrus Insinger

Trinke im Hause eines Kaufmanns nicht einmal Wasser,
er wird es dir in Rechnung stellen.

Anch-Scheschonk

Töricht ist, wer nach der Habe eines anderen giert.

Merikare

Vertraue nicht auf die Habe eines anderen,
sondern trage Sorge für das, was du dir selbst geschaffen.

Ani

Habsucht bringt Zwietracht und Kampf in ein Haus,
und Unheil stiftet sie in der Familie.

Papyrus Insinger

Sei nicht raffgierig, wenn du dem Raffgierigen wehren
sollst.

Der redekundige Oasenmann

Der Reichtum des Habsüchtigen ist wie Asche,
die der Wind verweht.

Papyrus Insinger

Eigne dir nicht an, was dem Tempel gebührt,
sei nicht habgierig,
bringe keinen Diener des Gottes dazu,
sich von ihm abzukehren.

Amenemope

Eitelkeit

Dem Eitlen fügt sein eigenes Herz Schaden zu,
gleich einem zu langen Baumstamm,
den man auf das rechte Maß kürzt.

Papyrus Insinger

Wer in den Himmel spuckt,
dem fällt sein Speichel ins Gesicht.

Anch-Scheschonk

Wer sich selbst überschätzt, dem wird nichts gelingen.

Die loyalistische Lehre

Bosheit

Die Habe des Weisen geht verloren, wenn er der Bosheit
frönt.

Papyrus Insinger

Verbrüdere dich nicht mit einem, in dessen Herzen Haß
wohnt.

Papyrus Insinger

Pflege keinen Umgang mit einem bösen Menschen,
nur weil er großes Ansehen genießt.

Papyrus Insinger

Der Tod eines schlechten Mannes ist ein Fest für alle,
die er in seinem Hause zurückläßt.

Papyrus Insinger

Gewalt und Unbeherrschtheit

Wer zu hastig ist, der übt keine Gerechtigkeit.
Wessen Herz aufbraust, dessen Hilfe sucht man nicht.

Der redekundige Oasenmann

Einem Sturme gleich, der wütet wie Feuer im Stroh,
so ist der Hitzköpfige in seiner Stunde.
Halte dich fern von ihm, und lasse ihn allein.
Gott weiß ihm zu antworten.

Amenemope

Erhebe kein Geschrei gegen den, der dich angreift,
tritt ihm nicht selbst entgegen.
Wer Böses tut, den wirft das Ufer zurück
und die Flut spült ihn hinweg.

Amenemope

Ein Schlag fordert einen anderen heraus,
und alles, was danach geschieht, fügt sich ineinander.

Merikare

Hüte dich, einen Elenden zu berauben
und Gewalt anzuwenden gegen einen Gebrechlichen.
Erhebe deine Hand nicht gegen einen Greis,
und schneide einem Älteren nicht das Wort ab.

Amenemope

Der Hartherzige führt selbst sein Ende herbei,
und kein Nachkomme wird ihn beweinen.

Die loyalistische Lehre

Möge der Schweigsame sich empören,
denn nur wenn die Altäre geschändet werden,
greift Gott den an, der gegen den Tempel frevelt.

Merikare

Diebstahl

Eigne dir nicht an, was dir nicht zusteht,
dann wirst du Überfluß finden.

Amenemope

Verrücke nicht die Grenzsteine der Felder,
und verändere nicht die Lage der Meßstricke.
Mache den ausfindig, der so handelt auf Erden,
denn er unterdrückt den Schwachen
und ist ein Feind, der dich zu zerstören trachtet.

Amenemope

Unwissenheit

Der Unwissende, der nicht zuhört,
der bringt es nicht weit ...
Ein Toter ist er bei lebendigem Leibe jeden Tag.

Ptahhotep

Der Weg Gottes steht allen Menschen offen,
doch der Unwissende findet ihn nicht.

Anch-Scheschonk

Der Unwissende sieht im Werk Gottes nur eine
Narretei.

Papyrus Insinger

Torheit

Der Rat, der einem Toren gegeben wird,
wiegt so wenig wie der Wind.

Anch-Scheschonk

Der Tor, der ein Feuer entfacht, tritt ihm zu nahe
und verbrennt sich.

Papyrus Insinger

Wer mit einem dummen Menschen verkehrt,
der stürzt ins Unheil.

Papyrus Insinger

Besser ist es, eine Schlange im Haus zu haben als einen
Dummkopf, der ein und aus geht.

Papyrus Insinger

Die üblen Taten eines Toren fügen auch seinen Brüdern
Schaden zu.

Papyrus Insinger

Man erschöpft die Kraft eines Esels,
wenn man ihn mit Ziegeln belädt.

Anch-Scheschonk

Leichtgläubigkeit und Nachlässigkeit

Leichtgläubigkeit führt ins Verderben.

Merikare

Wenn du eine Sache vernachlässigst,
bringt sie dir doppelten Verdruß ein.

Der redekundige Oasenmann

Lüge und Undankbarkeit

Macht sich die Lüge auf den Weg, geht sie in die Irre
und kann nicht übersetzen mit der Fähre.
Keine gute Fahrt ist ihr beschieden.
Wer Reichtum erwirbt durch eine Lüge,
der wird keine Nachkommen haben,
keine Erben auf Erden.

Wer mit der Lüge segelt, der wird nicht landen,
und nie erreicht sein Schiff den sicheren Hafen.

Der redekundige Oasenmann

Freigebig war ich gegen den Armen
und liebevoll zu der Waise.
Den, der nichts hatte, ließ ich ebenso an sein Ziel
gelangen wie den, der etwas besaß.
Aber der, mit dem ich das Mahl geteilt,
hob Truppen aus gegen mich,
und der, dem ich die Hand gereicht,
nutzte sie, um Aufruhr zu stiften.

Amenemhet I.

Geschwätzigkeit und Verleumdung

Kehre dein Inneres nicht aus vor einem beliebigen
Manne, denn das vertreibt alle Achtung vor dir.

Amenemope

Wer viele Worte macht, stört die Ruhe in seiner Stadt.

Merikare

Wer anderen Achtung erweist, dem ergeht es wohl,
und wer Bescheidenheit übt, ist des Lobes wert.
Offen steht das Zelt dem Schweigsamen,
und geräumig ist der Wohnsitz dessen,
der seine Rede zügelt.
Sei nicht geschwätzig,
denn geschärft sind die Messer für den,
der vom Wege abweicht.

Kagemni

Sprich nicht schlecht über irgend jemanden,
sei er hochgestellt oder gering,
denn das ist dem Ka ein Greuel.

Ptahhotep

Gib kein verleumderisches Gerücht weiter,
höre es gar nicht an.
Es ist die Redeweise des Hitzigen.
Möge es unbeachtet bleiben!
Aber du sollst auf keinen Fall darüber sprechen.

Ptahhotep

Sich verweichlichen

Schone dich nicht über Gebühr, solange du jung bist,
auf daß du im Alter nicht schlaff werdest.

Anch-Scheschonk

Völlerei

Wer nur auf seinen Leib hört,
der büßt sein Herz ein.
Verachtung erntet er statt Zuneigung.
Ein großes Herz ist eine Gabe Gottes,
wer aber seinem Leibe gehorcht,
der gehorcht dem Feind.

Ptahhotep

Völlerei ist verachtenswert,
man zeigt mit dem Finger auf sie.
Eine Schale Wasser stillt schon den Durst,
ein Mundvoll Gemüse stärkt schon das Herz.
Elend ist der Gierige nach dem Mahle.

Kagemni

Wenn deine Freunde zu viel Bier trinken, so sage ihnen:
«Das ist nichts für mich.»
Sonst findet man dich auf dem Boden liegend,
als wärest du noch ein kleines Kind.

Ani

12
Das Schicksal des Weisen

Wen die Götter führen, der kann nicht fehlgehen.
Wem sie aber keine Barke geben, der kann nicht
übersetzen über den Fluß des Lebens.

Ptahhotep

Abgewendet ist das Unheil von dem, der schon auf
dem Wasser der Götter fährt.
Wer aber noch auf ihrer Erde wandelt, der muß um
ein glückliches Geschick kämpfen.

Tempel in Esna

Für den, der freundlich einhergeht,
ist der Weg gebahnt.

Ptahhotep

Die Seele kehrt wieder zu der Stätte, die sie kennt.
Sie weicht nicht ab von ihrem vertrauten Wege.
So kann kein Zauber sie fernhalten.

Merikare

Du wirst annehmen die Gestalt eines Phönix,
einer Schwalbe, eines Falken oder eines Reihers,
nach deinem Wunsche.
Du wirst übersetzen, ohne in Bedrängnis zu geraten,
du wirst segeln auf den Fluten,
du wirst ein zweites Mal geboren.
Deine Augen werden dir wiedergegeben, zu sehen,

deine Ohren, zu hören, was gesagt wird,
dein Mund wird wieder sprechen,
deine Beine werden wieder laufen,
deine Arme und Hände sich wieder bewegen.

Grab des Paheri

Mögest du herausgehen am Tage,
einherschreiten auf deinen Beinen
und dir den Lauf des Großen Lichts untertan machen,
denn du kennst die geheimen Wege.

Sarkophagtext, Spruch 296

Ich wandle auf dem milchweißen Pfad,
gemeinsam mit Re und allem, was da kommen wird.
Ich habe meine Schritte richtig gelenkt,
ich beherrsche den Himmel.

Sarkophagtext, Spruch 136

Hebe den Himmel empor mit deinen Armen,
mache die Erde weit unter deinen Schritten.

Buch vom Herausgehen am Tage

Ich bin ein Schakal in schnellem Laufe,
der die Erde durchmißt in einem Augenblick.

Rote Kapelle der Königin Hatschepsut

Amun-Re, der Verborgene,
er ist der Doppelmast, der dem Sturm trotzt,
der nicht wankt unter dem Wind des Nordens,
der sich nicht biegt unter dem Wind des Südens.
Er trägt das Segel, auch bei schlechtem Wetter,
und er gewährt dir eine glückliche Fahrt.

Ostrakon, Britisches Museum

Preis dir, Amun-Re, König der Götter,
du Urquell, der als erster entstand,
du einzigartiger Gott, der geliebt wird,
der den Himmel emporhebt,
der geschaffen hat den Himmel,
die Erde und das Wasser!
Komme zu mir, Amun,
gib, daß ich an den Rand der Wüste gelange.
Du, der den Schiffbrüchigen errettet,
gib, daß ich festen Boden erreiche.

Relief aus Theben, Museum in Kairo

Der Sturm läßt ab von dem Fährmann,
der den Namen Amuns ausspricht.
Ein sanfter Wind wird er für den, der ihn anruft,
und errettet wird der Schiffbrüchige.
Amun bewirkt mehr als Millionen für den,
der ihn in sein Herz setzt.
Durch seinen Namen wird ein einzelner Mann
stärker als Hunderttausende.

Hymne an Amun, Papyrus Leiden

Ich bin das Herz des Herrn,
die Augen und die Ohren des Herrschers.
Siehe, ich bin ein Steuermann seines Schiffes.
Keinen Schlaf kenne ich des Nachts und am Tage.

Grab des Rechmire

Hältst du das Steuerruder, wie es sich gehört,
dann fährst du mit dem Strom,
der zur Gerechtigkeit führt.
Hüte dich, eine Reise anzutreten, auf der das Lenktau
dir Unheil bringt.

Der redekundige Oasenmann

Ich bin das Steuerruder des Re,
mit dem er die Prächtige zufriedenstellt,
dieses Ruder, das nicht verbrennt im Feuer
und nicht naß wird im Wasser.

Sarkophagtext, Spruch 361

Ich führe das Ruder in der Barke des Herrn.
Ich bin die Herrin des Lebens,
die Lenkerin des Lichts auf den leuchtenden Pfaden.
Ich mache die Taue fest an den Steuerrudern
auf dem Weg in den Schönen Westen.
Ich bin die Dritte,
die Herrin des Lichtglanzes,
die den Großen leitet, der ermattet
auf den Pfaden der Verklärten.
Ich bin die, deren Herrlichkeit erstrahlt
auf den Wegen durch den wolkenverhangenen Himmel.
Ich bin die Herrin der Winde auf der Insel der Freude,
die Herrin der Stärke,

die jene leitet, die in ihren Höhlen sind.
Ich bin Hathor,
die Herrin des nördlichen Himmels,
die den Schwachen Kraft verleiht.
Ich bin eine Stätte der Ruhe für den,
der Gerechtigkeit übt.
Eine Fähre für seine Auserwählten.
Ich baue das Schiff für die Überfahrt des Gerechten.

Sarkophagtext, Spruch 332

Verwehrt ist dem Sünder die Stätte der Wahrheit,
zum Reich des Schweigens.
Nur den, dessen Herz rechtschaffen ist,
nimmt die Fähre auf,
denn den Frevler setzt der Fährmann nicht über.
Wohl dem, der landet!

Hymne an Amun, Papyrus Leiden

13
Leben, Tod und
Jenseits

Die Dauer des Lebens

So fern Amun auch weilt auf seinen Wegen,
seine Augen und Ohren bleiben offen.
Er erhört die Gebete dessen, der nach ihm ruft,
und eilends kommt er aus der Ferne zu dem,
der zu ihm fleht.
Er verlängert die Lebenszeit oder zieht von ihr ab,
und zum Guten wendet er das Geschick dessen,
den er liebt.

Hymne an Amun, Papyrus Leiden

Wer diesen Spruch kennt, dem wird beschieden sein
ein Alter von einhundertzehn Jahren.
Verstreichen werden zehn Jahre seines Lebens in
Harmonie und Reinheit, ohne Fehl und Tadel und
ohne Lüge, wie es dem Unwissenden geziemt,
der ein Weiser geworden.
Darum wird er Brot essen an der Seite des mächtigen
Gottes, jeden Tag.

Sarkophagtext, Spruch 228

Der Tod

Nicht gut ist es für die Menschen, wenn sie vom Tode
ferngehalten.

Pyramidentext, Spruch 569

Wenn der Tod kommt, raubt er das Kind aus den
Armen seiner Mutter ebenso, wie er den Greis holt.

Ani

Der Schöne Westen ist die Wohnstätte dessen,
der nicht mißachtet die Göttliche Regel.
Wohl dem, der dort landet!
Verwehrt bleibt er jedem,
dessen Herz nicht gehorcht den Gesetzen der Maat.
Nicht unterschieden wird dort
zwischen Armen und Reichen,
denn Wohlgefallen erringt nur, wer gerechtfertigt wird
von der Waage des Herrn der Ewigkeit.

Petosiris

Wie glücklich ist, wer den Schönen Westen erreicht,
wohlbehalten in der Hand Gottes.

Amenemope

Der Tod steht heute vor mir
wie die Heilung eines Kranken,
wie der Schritt ins Freie nach langem Leiden.
Der Tod steht heute vor mir
wie der Geruch nach Myrrhe,
wie das Sitzen unter dem Segel an einem windigen Tag.
Der Tod steht heute vor mir
wie der Duft der Lotosblüten,
wie das Wandeln am Ufer der Trunkenheit.
Der Tod steht heute vor mir
wie das Ende des Regens,
wie die Heimkehr nach einem Feldzug.

Der Tod steht heute vor mir
wie das Aufklaren des Himmels,
wie die Erkenntnis dessen, was man nicht wußte.
Der Tod steht heute vor mir
wie der Wunsch eines Mannes,
sein Haus wiederzusehen,
nach vielen Jahren in Gefangenschaft.

Gespräch des Lebensmüden mit seiner Seele

Das Grab

Irre nicht in der Welt umher, solange du den Ort deiner
ewigen Ruhe nicht kennst.

Ani

Schmücke dein Haus in der Totenstadt,
statte deinen Ort im Schönen Westen gut aus.
Bedenke dies, denn der Tod ist uns nahe,
und das Leben nimmt uns gefangen.
Aber das Haus des Todes dient dem Leben.

Djedefhor

Ich habe diese meine Grabstätte im Schatten errichtet.
In hohem Ansehen stand ich
bei Gott und den Menschen.
Nicht einen Stein habe ich verwendet aus dem Grabe
eines anderen, um meines zu bauen,
eingedenk des Richterspruches im Schönen Westen.

Inschrift des Remenuikai

Das Totengericht

Die Richter fällen das Urteil über die Ermatteten, und
du weißt, daß sie keine Milde walten lassen am Tage,
da sie ihren Spruch verkünden.
Übel ergeht es dem, dessen Ankläger alles weiß.
Lasse dich nicht täuschen von der Länge der Jahre:
Sie überblicken die Lebenszeit wie eine Stunde.
Was bleibt nach dem Tode, ist ein Mensch,
und aufgehäuft werden seine Taten neben ihm.
Ewig wird er dort weilen,
und töricht ist, wer das nicht bedenkt.
Wer dort eintrifft, ohne Böses getan zu haben,
der wird sein wie ein Gott,
frei wird er einherschreiten
gleich den Herren der Ewigkeit.

Merikare

Das Leben jenseits des Todes

Wer diesen Spruch kennt,
wird nicht sterben zum zweiten Mal.
Seine Feinde werden keine Macht über ihn haben,
und kein Zauber wird ihn zurückhalten auf Erden.

Sarkophagtext, Spruch 83

Lebe das Leben, denn wahrlich, du wirst nicht sterben
den zweiten Tod.

Pyramidentext, Spruch 438

Oh, Osiris, du König,
du bist gegangen, doch du wirst wiederkehren.
Du hast geschlafen, doch du wirst erwachen.
Du bist gelandet am Ufer des Jenseits, doch du lebst.

Pyramidentext, Spruch 670

Glücklich, wer das Geheimnis des Osiris kennt,
der verborgen ist in der Finsternis,
ein Lebender unter Lebenden.

Sarkophagtext, Spruch 1086

Göttin des Himmels,
breite dich aus über mir,
lasse mich eintreten in das Leben, das dein ist.
Verschließe deine Türen nicht vor mir,
auf daß ich über den Himmel fahre
und eins werde mit der Morgenröte.

Sarkophagtext, Spruch 644

Schutz gewähren mir alle Götter immerdar.
Ich bin der, dessen Name geheim ist.
Ich bin einer ohne Zahl.
Ich bin unversehrt.

Buch vom Herausgehen am Tage

Zähle deine Knochen,
füge deine Glieder zusammen,
wende dein Antlitz dem Schönen Westen zu.
Verjüngt wirst du wiederkehren, Tag für Tag.

Sarkophagtext, Spruch 1029

Der zu neuem Leben Erweckte steigt auf zu seinen
Brüdern, den Göttern, in die Gefilde des Lichts.

Sarkophagtext, Spruch 667

Reicht mir die Hände,
denn ich bin aus euch hervorgegangen!
Ihr seid das Wort und die Erleuchtung,
dem Schöpfer nahe, Tag für Tag.

Sarkophagtext, Spruch 335 A

Ich bin hervorgegangen aus der Kraft des Schöpfers,
der sich selbst gebar.
Er hat mich geformt nach seinem Wunsche,
er hat mich geschaffen mit seiner magischen Kraft.

Sarkophagtext, Spruch 75

Möge er meinen Namen erhalten
wie die Sterne am Himmel,
möge er meine Statue dauerhaft machen
wie die eines Mannes aus seinem Gefolge,
möge er sich dessen erinnern,
was ich vollbracht in seinem Tempel Tag und Nacht,
auf daß meine Jugend sich erneuere wie der Mond
und mein Name nicht vergessen werde bis in Ewigkeit.

Statue, Kairo

Das Paradies des Jenseits

Ich trug Sorge für den Tag,
da ich eintrete in die andere Welt,
ich gedachte derer,
die ruhen in ihrem Haus für die Ewigkeit,
ich brachte ihnen Speisen dar, die sie erfreuten.
So kam ich mit der Gunst der Götter ins Reich des
Jenseits.

Statue, Kairo

Nicht Angst noch Streit gibt es im Jenseits.
Niemand fürchtet den anderen
in diesem Land, das keine Zwietracht kennt.

Grab des Neferhotep in Theben

Spruch zum Eintritt ins Reich der Vollkommenheit,
in das Gefolge von Osiris und Thot:
Sie werden Brot essen inmitten der Lebenden,
sie werden nicht sterben,
der Odem des Lebens wird in ihrer Nase sein.

Sarkophagtext, Spruch 1162

Land, Städte und Gewässer sehen,
pflügen und ernten,
Re, Osiris und Thot schauen Tag für Tag,
über Wasser und Luft herrschen,
alles tun, was man begehrt,
gleich jenem, der auf der Insel des Feuers weilt,
mit Lebensodem in der Nase, auf daß er nicht sterbe,
wandeln im Reich des Überflusses

auf den Feldern der Speisung,
für immer und ewig.

Sarkophagtext, Spruch 467

Für dich schlägt der Wind des Südens um
in den Wind des Nordens.
Man legt deinen Mund
an das Euter der himmlischen Kuh.
Du wirst geläutert, um die Sonne zu schauen.
Du wirst gewaschen im heiligen See.
Du wirst gerechtfertigt durch das göttliche Licht.
Bleiben wirst du im Gefolge des Osiris.
Komme in Frieden zu deinem Ka.

Harfnerlied

Du sollst Kraft haben in deinem Herzen,
du sollst Kraft haben in deinen Armen und Beinen.
Opfergaben sollen dir dargebracht werden.
Du sollst herrschen über Wasser und Luft
und über die fruchtbare Flut auf beiden Ufern.
Du sollst siegen über deine Feinde im Reich des Todes.
Du sollst dich nähren von himmlischer Speise.

Sarkophagtext, Spruch 225

Der Geist

Der Geist gehört zum Himmel, der Leib in die Erde.

Pyramidentext, Spruch 305

Stelle den Geist zufrieden,
handle nach seinem Wunsche.

Ani

Ich erkundete den Himmel,
ich öffnete den Horizont,
ich folgte dem Licht in seinem Lauf,
mir wurde die geistige Kraft derer zuteil,
die vor mir waren,
denn ich bin wahrlich ein Erleuchteter.

Sarkophagtext, Spruch 574

Der Seelenvogel Ba

Ein Mann soll tun, was seiner Seele frommt.

Merikare

Ich komme zu dir, Herr der heiligen Erde.
Ich übe die Maat auf Erden, ohne von ihr abzuweichen.
Gib, daß ich gepriesen werde im Himmel
und mächtig auf Erden,
verklärt gleich den Herren der Gestirne,
auf daß mein Ba mir gewährte,
zu wandeln nach meinem Wunsche.

Stele des Rome, Abydos

Dein Ba wird leben immerdar,
wie Orion im Leibe der Göttin des Himmels.
Du wirst Gestalt annehmen in Gold,
du wirst funkeln wie Elektron.
Am Firmament wirst du erstrahlen königlich.
Groß sei dein Name im Schönen Westen.

Ritual der Einbalsamierung

14
Der Tempel und
die Riten

Bauen und Erschaffen

Gott hat sich selbst erschaffen,
ehe es Himmel und Erde gab,
als die Erde noch schlummerte im Urmeer.
Er hat das Himmelsgewölbe emporgehoben
und den Boden ausgebreitet.

Steinbruch in Tura

Gott hat mich erschaffen, auf daß ich tue, was getan
werden muß, und handle nach seinem Befehl.

Lederrolle, Berlin

Errichte Denkmäler für Gott, denn sie erhalten den
Namen dessen am Leben, der sie gebaut.

Merikare

Der Tempel

Richtet eure Augen auf den Tempel des Gottes,
in dem Seine Majestät euch eingesetzt hat.
Er fährt über den Himmel und blickt hernieder.
Zufrieden ist er, wenn seine Regel befolgt wird.

Tempel in Edfu

Solange der Himmel auf seinen vier Stützen ruht
und die Erde nicht wankt in ihren Grundfesten,
solange die Sonne am Tage erstrahlt
und der Mond leuchtet des Nachts,
solange Osiris erscheint im Orion
und die Sothis die Gestirne beherrscht,
solange der Nil anschwillt zur rechten Zeit
und die Erde Pflanzen wachsen läßt,
solange der Wind des Nordens weht,
wenn man seiner bedarf,
und die Sterne an ihrem Platz bleiben,
so lange wird der Tempel so beständig sein wie der
Himmel.

Tempel in Kom Ombo

Der Baumeister errichtet einen Tempel,
der bis in den Himmel ragt.
Die Sonne geht auf aus Liebe zu ihm.

Tempel in Abu Simbel

In seinem Dorf gleicht der Tempel dem Himmel.

Tempel in Sahure

Geöffnet sind die Tore des Himmels,
entriegelt sind die Pforten des Tempels.
Das Haus ist offen für seinen Herrn.
Möge er herauskommen, wann er will,
möge er eintreten, wann er will.

Ritual der Mundöffnung

Versieh jeden Monat deinen Dienst als Priester,
trage weiße Sandalen,
sei eins mit dem Haus deines Gottes,
tritt ein in das Allerheiligste,
enthülle die Geheimnisse,
iß das Brot des Tempels.

Merikare

Riten, Feste und Opfergaben

Auf daß du der Herr des Lebens werdest,
dessen Leben sich erneuert bis in Ewigkeit,
sei dein Name:
«Der, der durch die Riten lebt».

Zweites Buch vom Atmen

Feierst du das Fest des Monats,
das Fest des sechsten Tages,
das Fest des halben Monats,
die große Prozession,
das Aufgehen der Sothis,
das Fest zu Ehren der Toten,
das Fest des Thot,
das Fest der ersten Geburt,
die Geburt der Isis,
die Prozession des Min,
die Prozession des Totenpriesters,
den Untergang der Sonne,
das Anschwellen des Flusses,
die Feste des Himmels an ihrem Tage,
dann wirst du, wie es geschrieben steht,
gekleidet sein in feines Linnen und
in die Gewänder, die den Leib des Gottes bedecken,

du wirst gesalbt mit reinem Öl,
und trinken wirst du das Wasser vom Opfertische.

Grab des Paheri

Opfergaben seien dir dargebracht
von Pharao und Anubis,
dem Herrn der geheiligten Erde,
der weilt auf seinem Berge,
der vorsteht der göttlichen Kapelle
und das Urteil fällt über die Erweckung aus dem Tode.
Möge er geben,
daß dir beschieden ist ein hohes Alter in Zufriedenheit,
daß du gebettet wirst in die Erde des Schönen Westens,
daß du gepriesen wirst vom allmächtigen Gott,
daß du wandeln wirst auf den Pfaden des Westens
und aufsteigst zu Gott, dem Herrn des Himmels.
Möge Pharao dafür Sorge tragen, daß du verklärt
werdest durch die Riten bei jedem heiligen Feste.

Grab des Hirkhuf, Assuan

Sorge dafür, daß die Opfergaben reichlich
und die Brote zahllos sind.
Mache das tägliche Opfer größer.
Das frommt dem, der es tut.

Merikare

Bringt Opfer dar von dem, was ihr in Händen habt.
Wenn ihr nichts besitzt, dann nennt die Gaben mit
euren Worten.

Stele, Kairo

Ich sage es für euch, auf daß ihr es wisset:
Die Opferformel sprechen macht nicht arm
und tut nicht weh.
Sie führt nicht zum Hader mit anderen
und bringt den nicht in Bedrängnis, der Not leidet.
Sie ist eine angenehme Rede, die erhebt,
und ist nützlich für euch, wenn ihr sie sprecht.

Grab des Paheri

Wenn die Speisen der Götter herabsteigen,
wird das Gesicht der Menschen hell
und das Herz der Götter froh.

Pyramidentext, Spruch 581

Zu Zeiten der Weisen ...

Gedenket der Riten in der Kapelle, wie man mit
Weihrauch räucherte und am Morgen Wasser spendete
aus dem Kruge.
Gedenket der fetten Gänse, der Enten und Hühner,
die als Opfer dargebracht wurden den Göttern.
Gedenket des Natrons, das die Priester kauten, und der
weißen Brote, die man bereitete.
Gedenket dessen, wie man Flaggenmaste aufstellte
und Opfertafeln meißelte, wie die Priester die Kapellen
reinigten, wie die Tempel getüncht wurden, so weiß
wie Milch, wie der Kultraum duftete und die
Opfergaben gereinigt wurden.
Gedenket, wie man die Göttliche Regel befolgte
und die Zeit für die Riten einhielt.

Ipuwer

Inhalt

29,80